Philipp Federer

Födlibörger oder Salz der Erde

AF162753

Philipp Federer

Födlibörger oder Salz der Erde

zweite Auflage

Fromm Verlag

Imprint
Any brand names and product names mentioned in this book are subject to trademark, brand or patent protection and are trademarks or registered trademarks of their respective holders. The use of brand names, product names, common names, trade names, product descriptions etc. even without a particular marking in this work is in no way to be construed to mean that such names may be regarded as unrestricted in respect of trademark and brand protection legislation and could thus be used by anyone.

Cover image: www.ingimage.com

Publisher:
Fromm Verlag
is a trademark of
Dodo Books Indian Ocean Ltd. and OmniScriptum S.R.L publishing group

120 High Road, East Finchley, London, N2 9ED, United Kingdom
Str. Armeneasca 28/1, office 1, Chisinau MD-2012, Republic of Moldova, Europe
Managing Directors: Ieva Konstantinova, Victoria Ursu
info@omniscriptum.com

Printed at: see last page
ISBN: 978-620-8-86538-2

Copyright © Philipp Federer
Copyright © 2025 Dodo Books Indian Ocean Ltd. and OmniScriptum S.R.L publishing group

Inhaltsverzeichnis

3 - Vorwort

6 - Verbürgerlichte Redaktion

8 - Kultivierte Scheinprobleme

12 - Bekenntnisfrei - Irrungen bei den Reformierten

15 - Jesus war Kommunist und kein Sozialdemokrat

17 - Religiöse Autoraserei

19 - Bruder Klaus: rebellisch oder verbürgerlicht?

23 - Der Grossvater und das Schächtverbot

27 - Sulzigjoggali vor unserer Wohnungstüre

32 - Politiker missbrauchen Gott

34 - Ethik oder Fraktionszwang

36 - Angstmacherei mit Islamisierung

40 - Kreuzknatsch und Medienspektakel

45 - Fairness oder Gerechtigkeit

47 - Religionsunterricht - was kann oder soll er?

50 - Islamisierung Luzerns

52 - Das Geschwätz vom Wachstum

54 - Sparen

56 - Powertalk oder soziale Kommunikation

58 - Harry Potter als Antirassist

59 - Buddhismus - attraktiver?

61 - Zwei Herren dienen

64 - Velohelm tragen oder beten

66 - Ruth statt König David - Solidarität statt Gewaltverherrlichung

68 - Gotteslob - den Tod preisen oder ihn beklagen?

70 - Geld regiert die Welt

72 - Kulturkampf an der Uni Fribourg

74 - Therapieschreilied

77 - Univerbote in Luzern

78 - Gedankensplitter

79 - Bildhinweise und Fotoquellen

Vorwort zu Födlibörger oder Das Salz der Erde
Politisch-Theologische Schriften

Ohne die Mitarbeiterinnen des Fromm-Verlags wäre dieses Buch nie erschienen. Hartnäckig zeigten sie Interesse an meinen Texten und an einer Buchpublikation, auch als ich auf die erste Anfrage nicht reagierte. Selbst nach einer weiteren Nachfrage sagte ich ab mit der Begründung, meine Texte seien zu politisch für einen religiösen Verlag. Dann begann ich zu überlegen. Nach meinem Band „Säuhäfeli - Säudeckeli", Geschichten über Parteifilz, Neid und Intrigen, plante ich einen zweiten Band mit ähnlichem Aufbau. Meine Sicht auf die Gesellschaft und die Politik war immer schon theologisch geprägt, aber nur der kleinere Teil der über 100 Texte hat einen direkten religiösen oder theologischen Bezug. Nach der Durchsicht meiner Texte, und nach der Durchsicht des Verlagsprogramms, kam ich ins Grübeln und Vergleichen. Für ein Bändchen reichen meine Texte sehr wohl. Nun kontaktierte ich den Verlag selbst und revidierte meine ursprüngliche Absage.

Der nun vorliegende Band enthält politisch-theologische Beiträge. Eine kritische Sicht auf eine Gesellschaft, die wie im ersten Band, die Wahrheit lieber verdrängt. Dieses Verdrängte und Verleugnete hole ich schelmisch gerne hervor. Schon beim Säuhäfeli-Buch war mir dies ein grosses Anliegen. Ebenso greife ich gerne auf Grundsätze, Rechtssätze zurück. Was nützen sie uns, wenn wir sie propagieren, jedoch kaum beachten und sie sogar mit Füssen treten.

Spätestens seit Donald Trump tarnt sich Dummheit als Alternative Fakten. Dummheit prüft nicht, sondern interpretiert nach eigenem Interessen, ohne die radikale Botschaft Jesu zu erfassen. Biblische Texte sind nicht fad, obwohl viele dies behaupten. Wer die Oberfläche durchbohrt, entdeckt Erstaunliches und Provokatives. Religion ist nicht langweilig. Langweilig ist nur die verbürgerlichte Vereinnahmung. Gegen die verbürgerlichte Vereinnahmung schreibe ich an. Die Menschen halte ich nicht für dumm. Im Gegenteil. Doch viele habe ein Interesse an unkritischen Bürgern und Bürgerinnen und der eigenen Unmündigkeit. Den Citoyen - den aufgeklärten Bürger - schätze ich, den „Födlibörger" „Bönzli" oder Spiessbürger dagegen nicht.

Die einzelnen Artikel dieses Bandes sind aus verschiedenen Gesellschaftsbereichen. Einige beziehen sich auf die Schule, andere auf Werbebotschaften, wiederum andere auf familiäre Erlebnisse, und einige auf literarische Arbeiten. Mehrere Texte veröffentliche ich als Kolumnist im Auftrag für die katholische Kirche der Stadt Luzern. Verschiedene Autoren schrieben abwechslungsweise einen Wochenkommentar für die Homepage der Kirche. Als die älteren Artikel entfernt wurden, fragte ich nach, warum sie nicht in einem Archiv abgelegt werden. Der Kommunikationsverantwortliche versprach, dies werde nächstens eingerichtet. Die Archivfunktion kam nie. Im Gegenteil hörten die meisten Kolumnisten auf zu schreiben. Die Rubrik Wochenkommentar ist heute gelöscht. Schade! Aber mit diesem vorliegenden Band sind sie wieder da und dem Vergessen entrissen. Das freut mich.

Ich wünsche den Lesenden viel, vom heiligen „sich Ärgern" bis zur Erkenntnis, dem Aha-Effekt, und reichlich viele Schmunzelmomente.

Ein Födlibörger zu sein ist bequem. Das Salz oder Licht zu sein - wie uns Mt 5,13+14 auffordert - benötigt Engagement. Nur wer sich bewegt, lebt und spürt die Fesseln – ein 80-er Spruch. Wer sich einsetzt, setzt sich aus. Wird angreifbar. Salz oder ein fader und langweiliger Födlibörger zu sein? Unsere Entscheidung.

Luzern, Oktober 2017

Für die überarbeitete 2. Auflage: Kriens, Ende April 2025

Philipp Federer

Verbürgerlichte Redaktion

Was der Redaktor und stellvertretender Chefredaktor der Neuen LZ zu „bürgerlich" schreibt ist eine ahistorische Schilderung. Zum feudalistischen Ständestaat nimmt er keinen Bezug. „Bürger" leitet er nicht vom Ständestaat (Adel, Priester, Bürgertum und Proletariat) ab. Der dritte Stand als Gesellschaftsschicht existiert bei ihm nicht, eben ahistorisch. Sein selektiver Gebrauch zur Bezeichnung heutiger Parteien ist falsch und greift zu kurz. Leider ist dies, wie er schreibt, das Credo bei der Neuen LZ. Die Redaktion benutzt den Begriff „für die Vertreter von der Mitte bis rechts." Das heisst, der Begriff benutzt die Redaktion zur Abgrenzung gegen „linke" Parteien und zur Abgrenzung sozial-grüner Politik.

Die parteipolitische Zuordnung an die CVP, FDP und SVP ist gewagt. Unternehmer - und deren sitzen einige in diesen Parteien - sind keine klassischen Vertreter der Bürger oder der einfachen Mittelschicht, eher der Bourgeoisie, also eine obere Gesellschaftsschicht. Und der rechte Rand hat keinen Bezug mehr zu den klassischen Menschenrechten, die die „Bürger" erkämpften.

Martinu verknüpft mit dem Begriff nebst der simplen Parteizuordnung auch durchwegs positive Eigenschaften wie etabliert, gutbürgerlich, ordentlich und solide, die er aus dem Duden auswählte. Warum die Politik der Eigenverantwortung als bürgerlich gilt, ist mehr ein Wunschdenken Martinus, gilt sie bei der Bankenrettung keineswegs, sondern nur zur Absicherung von Privilegien. Negative Ausdrücke aus dem Duden wie verbürgerlicht, Spiessbürger, konservativ und Establishment liess er einfach weg.

Martinu erklärt uns eigentlich nichts anderes als das, wie die Redaktion denkt und wie sie den Begriff benutzt, jedoch nicht woher er stammt und was er bedeutet.

Bürgerlich – was heisst das?

Der vergangene Wahlsonntag hat die öffentliche Debatte über Wochen geprägt, politisches Vokabular war und ist darum in aller Munde. Am Tag nach den Luzerner Wahlen erhielt ich die Zuschrift eines Lesers, die mich gefreut hat: «Ich habe schon verschiedene Personen gefragt, wie der Begriff ‹bürgerlich› definiert ist, wie er gebraucht wird. Es konnte mir niemand eine klare Antwort geben.» Begriffe und Bezeichnungen brauchen wir gewohnheitsmässig. Ich finde es interessant und wertvoll, bei guten Gelegenheiten über deren Bedeutungen nachzudenken. Hier meine (leicht redigierte) Antwort auf die Leserfrage:

Eine «scharfe» politische Definition dieses Begriffes gibt es wohl nicht.

Jérôme Martinu,
stv. Chefredaktor,
über politisches
Vokabular

AUF 59 ZEILEN

Allgemein – und so versteht und braucht auch unsere Redaktion den Begriff – steht «bürgerlich» im parteipolitischen Kontext für die Vertreter von der Mitte bis rechts. Es sind in unserem Verständnis also CVP, FDP und SVP (um die Grossen zu benennen). Bei der GLP ist die politische Ausrichtung in Stadt und Kanton Luzern noch nicht so eindeutig – sie stimmt oftmals links-grün, sieht sich in Wirtschaftsfragen dann aber wieder – zumindest gemäss Eigenbezeichnung – auf Seiten der bürgerlichen Positionen und Werte (wirtschaftsliberal). Die bürgerlichen Parteien BDP und EVP haben im Kanton Luzern lediglich eine marginale Bedeutung.

Insgesamt geht es, vereinfacht gesagt, um eine politische Grundhaltung, die sich stabilen Verhältnissen eines Gemeinwesens verpflichtet fühlt, die Eigenverantwortung der Bürger und Wirtschaft hochhält und darum auch auf eine eher niedere Staatsquote setzt. Dies alles kann je nach Partei natürlich wiederum in unterschiedlich starker Färbung/Ausprägung. Für das Begriffsverständnis passen vielleicht auch diese ausgewählten Adjektive, die gemäss Duden zur Wortbedeutung «bürgerlich» gehören, nicht schlecht: mittelständisch, ordentlich, etabliert, gutbürgerlich, solide.

«Bürgerlich» ist im politischen Vokabular also ein Abgrenzungsbegriff, der die Grenze zu den linken Parteien markiert. Bürgerinnen und Bürger sind wir aber natürlich allesamt.

– jerome.martinu@luzernerzeitung.ch

Bürgerlich, was heisst das? *

Unter Bürgertum versteht man heute meist den städtischen Mittelstand. Als Wort geht Bürgertum (Bürger) als der Begriff für eine Bevölkerungsgruppe aus von dem mittellateinischen burgus, einer von Mauern geschützten (geborgenen) und mit besonderen Privilegien u. a. Marktrecht versehenen Ansiedlung, in der Kaufleute und Handwerker wohnten.

In der Soziologie wird das Bürgertum gegenüber dem Adel und Klerus sowie gegenüber Bauern und Arbeitern als gesellschaftliche Schicht abgegrenzt. Diese kennzeichnet sich durch wirtschaftliche Selbständigkeit (Besitz), Bildung oder durch Vorrechte bezüglich Selbstverwaltung und der Chance zur Kontrolle sozialer Machtmittel aus.

„Bürgertum" ist die zusammenfassende Bezeichnung für eine Gesellschaftsschicht zwischen Oberschicht sowie Bauern und Arbeiterschaft. Sie setzt sich im Wesentlichen aus den Teilschichten des Grossbürgertums und des Kleinbürgertums zusammen. Seit der industriellen Revolution wird sie meist dem Mittelstand zugeordnet.

In der Zeit des abendländischen Feudalismus erkämpfte sich das Bürgertum in Abgrenzung zu Bauern und Adel seine bürgerlichen Freiheiten, zunächst in den reichsunmittelbaren Städten, gestützt auf kaufmännische Gilden und handwerkliche Zünfte. Die im Zeitalter der Aufklärung formulierten und u. a. in der Französischen Revolution von den Bürgern erkämpften Bürgerrechte gelten heute als Menschenrechte. Bürgerrecht war ein ständisches Recht und galt nicht für alle. Es wurde durch Geburt erworben oder an solche Bewerber verliehen, die es beantragten und wichtige Bedingungen erfüllen mussten.

- Vereinfachte und gekürzte Auszüge aus dem Artikel Bürger von wikipedia Von M.F.

Kultivierung von Scheinproblemen

Ersterscheinung auf zentral+ und provinzgefluester.ch 22.8.2013

Kopftücher und Schwimmunterricht – ein Garant für politische Entrüstungsstürme! Dieses Jahr wurde das Kopftuchthema anfangs Juli zum nationalen Thema stilisiert. Seit das Bundesgericht eine Gemeinde im Kanton Thurgau kritisierte, schwärmten die politischen Ausbeutungsschwadronen aus.

Das Bundesgericht kritisierte eine Gemeinde, die ein Kopftuchverbot erliess, weil ihr dazu die gesetzliche Grundlage fehlt. Die SVP-Thurgau empörte sich über das Bundesgericht – wie die SVP generell gerne auf das Bundesgericht pfeift - und kündigte sofort eine Initiative für ein Kopftuchverbot an. Journalistinnen und Journalisten interviewten zahlreiche bejahende und ablehnende Experten und Expertinnen eines Kopftuchverbots. Am Kopftuch entzündet sich die ganze Palette von Liberalität, Libertarismus, SVP-Konservatismus und Frauenbefreiung. Am 11.8.2013 berichtete die SonntagsZeitung, die CVP forciere nun solche Verbote an

Schulen. Laut dem Generalsekretariat sind in verschiedenen Kantonen, u. a. Aargau, Luzern und den beiden Basel, Vorstösse beschlossen. Gemäss CVP-Präsident Christoph Darbellay ist eine gesetzliche Grundlage in allen Kantonen für ein Kopftuchverbot wichtig. Doch wie ist die Situation an den Schulen? Wird da nicht wieder ein Scheinproblem kultiviert und politisch ausgeschlachtet?

Das Kopftuch in der Schule ist kein Kleiderproblem

Der Schreibende unterrichtet an einer städtischen Oberstufe. In 24 Jahren erlebte er über 1600 Schülerinnen. Von diesen Schülerinnen trugen nur zwei Schülerinnen ein Kopftuch. Die Promillezahl relativiert die Empörung gewisser politischen Parteien. Die zwei Kopftuchträgerinnen waren zudem anständig und boten keinen Anlass zur Kritik. Wie waren die Kopftuchlosen? Da präsentiert sich mengen- und mentalmässig ein teilweise anderes Bild. Je nach Mode waren z. B. schon verletzende Sprüche auf T-Shirts vorhanden. Oder ich erinnere mich an eine Schülerin (einer anderen Schule), die ich nach Hause schicken musste, weil sie stark nach Pisse stank. Vor dem Unterricht bemerkte ich dies. Die Schülerin schickte ich in Rücksprache mit dem Klassenlehrer zum Umziehen nach Hause, zu ihrem und zu unserem Schutz. Ein Phänomen, das ich jedes Jahr bezüglich Kleider mehrmals erlebe, und das den Unterricht erheblich belastet, ist das Folgende. Einige Jugendliche mit winterlichen Daunenjacken ziehen diese im Schulzimmer ungern ab. Selbst wenn im Schulzimmer die Temperatur über 22 Grad beträgt, tragen sie drinnen und draussen die gleichen Kleider. Sie lullen sich, sofern man sie lässt, in Jacken ein. Die Körpersprache ist stets so, lassen sie mich in Ruhe, ich will mit ihnen und der Klasse nichts zu tun haben. Diese Haltung treffe ich jedes Jahr mindestens in einer Klasse und meistens gleich gruppenweise an. Diese Abgrenzungshaltung mit Daunenjacken löste schon mehrere Machtkämpfe aus, weil ich sie in meinem gut geheizten Schulzimmer nicht akzeptiere. Zu meinem Erstaunen musste ich feststellen, einige Lehrpersonen, vorwiegend von Frauen, tolerieren dies sogar. Noch öfters, jedoch weniger gravierend sind die Caps der Knaben. Je nach Unterrichtskultur lässt sich mit ihnen provozieren, spielen und abgrenzen. Und noch dies. Ein schönes Kopftuch ist ästhetischer als die Unterhosenkultur von tiefgelegten Hosen.

Absurde Diskussion zum Schwimmunterricht

Die politischen Diskussionen zum Schwimmunterricht sind noch absurder. Die gleiche Schule hat im Stundenplan auf der Oberstufe eine Wochenstunde Schwimmen. Mir ist in den 24 Jahren eine Schülerin bekannt, die aus religiösen und medizinischen Gründen eine Dispens erhielt. Die Gutheissung des Gesuchs erachte ich zwar als unglücklich, jedoch als nicht gravierend.

Gravierend sind jedoch die vielen „Kranken" und die wöchentlich menstruierenden Schülerinnen. Wenn Lehrpersonen diesen Jugendlichen erlauben am Computer in der Mediothek zu spielen, dann fehlen in jeder Klasse jede Woche viele beim Schwimmunterricht. Verlangt der Schwimmlehrer oder die Schwimmlehrerin eine Anwesenheit mit Kleidern in der Schwimmhalle, so fehlt kaum noch jemand oder wirklich nur diejenigen, die wirklich beeinträchtigt sind. Das blosse Zusehen beim Schwimmunterricht ist überhaupt nicht attraktiv. Das Kneifen des Unterrichts und das Spielen in der Mediothek dagegen schon. Das politische Problemthema der Parteien und der bürgerlichen Zeitungen wird beim näheren Betrachten zur alleinigen Frage der pädagogischen Führungskultur der Lehrperson.

Fazit: Was Parteien und Medien hochkochen ist erschreckend

Ihr Problembewusstsein tendiert gegen Null. Die wirklichen Probleme sind nicht religiös. Sie sind vor allem nicht durch den Islam und durch fehlenden religiösen Integrationswillen verursacht. Die genannten Beispiele der Abgrenzung mit Kleidern und die hier erwähnten Probleme beim Schulschwimmen weisen auf ganz andere Faktoren hin. Die „Haltung" der Jugendlichen ist oft der Weg des geringsten Widerstands. Hier fehlt des Öfteren der Integrationswille verwöhnter und provozierender Kids. Falls die Lehrperson keine Führungskultur aufweist, wird der Unterricht zum Selbstbedienungsladen, mit und ohne Dispens. Wann hören gewisse Parteien endlich auf Scheinprobleme zu kultivieren und wie lange lassen sich Medien weiterhin damit abspeisen.

Bekenntnisfrei – Irrungen bei den Reformierten

Credo – Ich glaube.
Aber, was glaube ich, wenn ich denn glaube?

Ja, das ist die Frage! Die Frage über die die gesamte reformierte Schweiz diskutieren soll. Zu diesem Zweck wurde vom Schweizerischen Evangelischen Kirchenbund ein „Werkbuch Bekenntnis" lanciert.

Ein Bekenntnis – auch Credo genannt – ist eine Zusammenfassung dessen, was die Mitglieder einer Kirche glauben. Viele Kirchen haben ein verbindliches Credo, das sie z.B. im Gottesdienst gemeinsam sprechen. Nicht so wir Schweizer Reformierte; seit der Mitte des 19. Jahrhunderts haben wir kein verbindliches Bekenntnis mehr. Damals hatte die liberale Pfarrerschaft die Bekenntnispflicht als Eingriff in die Freiheit des Einzelnen angesehen. Dennoch sind wir Schweizer Reformierte nicht bekenntnislos, sondern bekenntnisfrei.

Da staunte ich nicht schlecht. Reformierte veröffentlichten diesen Prospekt und lancierten das Modul Credo, ich glaube. Gemäss dem Werbeflyer lehnte die liberale Pfarrerschaft die Bekenntnispflicht als Eingriff in die Freiheit des Einzelnen ab. „Dennoch sind wir Schweizer Reformierte nicht bekenntnislos, sondern bekenntnisfrei." Was den Unterschied zwischen bekenntnislos und bekenntnisfrei sein soll, blieb mir schleierhaft. Das liberale Abfeiern von bekenntnisfrei ist für mich keine Haltung.

Früh lernte ich die Bekennende Kirche kennen. Die Bekennende Kirche bekannte sich gegen Totalitätsansprüche und ihr aktiver antifaschistischer Widerstand imponierte mir. Bonhoeffer und Niemöller waren ihre bekanntesten Mitglieder, jedoch auch unbekanntere lernte ich kennen und mit einem überlebenden Mitglied – er war auch Mitglied der Sozialistischen Studentenschaft - durfte ich sogar öfters gemeinsam speisen.

Die Mitglieder der Bekennenden Kirche bekannten sich gemäss Mitgliederausweis:

„Die Bekennende Kirche ist der Zusammenschluss aller derer, die die heilige Schrift Alten und Neuen Testaments nach der Auslegung der reformatorischen Bekenntnisse als die alleinige Grundlage der Kirche und ihrer Verkündigung anerkennen."

„Sie wissen sich zu entschlossenem Kampf wider jede Verfälschung des Evangeliums und wider jede Anwendung von Gewalt und Gewissenszwang in der Kirche verpflichtet."

Sie stellten sich gegen den Arierparagraphen und lehnten jeden Totalitätsanspruch des Staates und die Vereinnahmung des Evangeliums für sachfremde politische Zwecke ab. Sie bekannten sich zur Barmer Erklärung und lehnten die staatlichen Übergriffe auf die Kirche ab, respektive ihrer gleichgeschalteten deutschchristlichen Landeskirchen.

Das Motto der Bekennenden Kirche war nicht bekenntnisfrei, sondern bekennen.

Ihr Motto war auch nicht bekenntnislos, sondern ein Bekenntnis gegen die herrschenden Verhältnisse.

Die Unterscheidung von bekenntnislos und bekenntnisfrei ist für mich wie die hilflose Unterscheidung von Steuerbetrug und Steuerhinterziehung zur Rettung des Bankgeheimnisses. Diese unklare Unterscheidung ist vermutlich der Grund für die Entfernung von den Homepages vor gut einem Jahr. Neu ist ein minimalistisches Glaubensbekenntnis als Leitgedanken aufgeschaltet. Der Schweizerische Evangelische Kirchenbund listet 21 Reformierte Bekenntnisse auf und stellt sie zur Diskussion. Dies sind endlich neue Töne in einer liberalen, sprich gleichgültigen und „verantwortungs-abstreifenden" Gesellschaft. Die Kirchen sollten sich vor einer falschen Liberalität hüten.

Jesus war Kommunist

Im Gedenken an die Ermordung von Bischof Romero lud die katholische Kirche der Stadt Luzern JungpolitikerInnen zu einer Podiumsdiskussion ein. Die Teilnehmenden diskutierten, welche Rolle die Kirche in der Politik einnehmen soll und kann. Sebastian Dissler von den Jusos meinte „Jesus wäre heute wohl Sozialdemokrat". Seine Antwort ist interessant, greift aber zu kurz. Ihm setze ich die Behauptung entgegen, Jesus war Kommunist.

Was spricht für die Behauptung, Jesus wäre heute Sozialdemokrat? Die Lateinamerikanische Kirche setzte sich mit der Option für die Armen bewusst für die Benachteiligten ein. Hierin besteht eine Parallele zur Sozialdemokratie, die sich eher für die Ausgebeuteten und Unterdrückten einsetzt als für die Reichen und das Kapital. Doch die Kritik Jesus am Herrschaftssystem entsprach nicht nur einer emotionalen Parteilichkeit für die Schwachen, sondern kritisierte das ungerechte Herrschaftssystem als Ganzes. Sebi weiss selbst, dass viele SozialdemokratInnen dieser Grundhaltung nicht nachkommen, sei es bei der Armee-, Wirtschafts- und anderen Fragen.

Jesus war Kommunist. Er lehnte sowohl die militärische Macht der Römer, als auch die ideologische und ökonomische Macht der Könige, als auch die religiöse Macht der hohen Priester ab. Er stellte das System des Teilens anstelle des Systems des Kaufens auf, weil er den Gebrauchswert über den Tauschwer stellte. Er verkündete das Reich Gottes, das die Gleichheit der Menschen propagierte. Ob Grieche, Jude, Römer, Sklave, Frau - vor Gott sind ihm alle gleich und propagierte damit eine komplette Umwertung. Und gemäss dem Weinberggleichnis sollen alle, ob sie nur eine Stunde arbeiten können oder den ganzen Tag arbeiten, einen vollen Tagesverdienst erhalten. Das Einkommen soll für alle existenzsichernd sein. Seine Botschaft löste Sklavenaufstände aus, eine urkommunistische Bewegung und führte danach zur Untergrundkirche, bevor die „Christen" danach vom Staat vereinnahmt wurden.

Jesus war ein eigentlicher Kommunist, zwar ein gewaltfreier, jedoch kein Sozialdemokrat. Damit habe ich noch nichts über eine Handlungsanweisung gesagt, über den Weg (das wie?) zu den umgekehrten Verhältnissen und zu einem Reich Gottes. Damit ist einzig etwas zu seiner Haltung und Ausrichtung gesagt. Für das „wie" wäre ein eigener und ausführlicher Artikel nötig.

Religiöse Autoraserei – staatlich erwünscht und durch die Werbung gefördert!

Ein Himmelsgefährt von BMW

Im Seetal und an anderen Orten rasen Minderjährige mit geklauten Autos. Die Wettrennen finden nachts statt und sind schon tödlich ausgegangen. Das Verhältnis Jugendlicher zum Auto hat bei einigen eine religiöse Dimension. Die volle Konzentration, die ganze Hingabe und Verehrung gilt schnellen Autos. Jugendliche haben die Fähigkeit, sich auf etwas voll einzulassen. Ihre Selbsteinschätzung ist aber oft eine Überschätzung und das Bewusstsein für Gefahren ist schwach entwickelt. Sie erleben das Kribbeln des Verbotenen, einen Rauschzustand und ein illusorisches Machtgefühl, wenn sie eine schnelle Maschine „beherrschen".

Die Autowerbung nutzt diese jugendliche Schwäche mit einer religiösen Sprache und religiösen Motiven immer dreister aus. Ein besonders negatives Beispiel ist die Werbung von Fiat Punto. Dabei fährt ein Auto dreimal durch Glasscheiben. Eine Glasscheibe ist beschriftet mit „Zweifel?". Für den Fiat-Dealer gibt es bei dieser Werbung keine Grenzen des Anstands. Die Botschaft ist klar:

Hindernisse gibt es keine auf den Strassen, und Zweifel darf es nicht geben. Ansonsten durchfährt man sie am besten, was der Fiat-Chef der Öffentlichkeit gleich selbst vordemonstrierte.

Eine eindringliche und meditative Stimme erklingt im Werbespot: „Schliess deine Augen! Geh in dich und hör auf dein Herz! Dann wirst du entdecken, dass Barrieren ... " Mit einer pseudoreligiösen Sprache werden Jugendliche aufgefordert Hindernisse zu ignorieren und Zweifel nicht zuzulassen.

Nebst fünf versteckten Befehlen werden zwei Heilsversprechungen gegeben. Der Sprecher verspricht dem Autobesitzer „grenzenlose Freiheit", also ein Paradies auf Erden. Barrieren sollen nur in unseren Köpfen existieren. Rücksicht muss keine genommen werden, weil sie nicht notwendig sei. In diesem Spot ist sie auch nicht notwendig, weil darin weder Fussgängerinnen noch weitere Autofahrer noch spielende Kinder vorkommen. Der „Grande punto" ist die grenzenlose Freiheit – und die grenzenlose Verblödung.

Was machen die Politiker? Im Kanton Luzern werden 3'300 Millionen für ein Agglomerationsprogramm eingesetzt. Dies ist nur eines von schweizweit ca. 18 Verkehrsprogrammen. Den grössten Finanzaufwand soll wieder der Strassenbau erhalten, nämlich 75%. Immer noch bevorzugen bürgerliche Politiker die individuelle, motorisierte Verkehrsfreiheit.

Theologisch betrachtet hat der Auto-Götzendienst Hochblüte. Die Jugendlichen verehren das, was ihnen die Erwachsenen vorleben. Die Autowerbung – nicht nur die von Fiat - setzt voll auf möglichst viele neue Kunden und auf die Verehrung ihres Produkts. Und anstatt für das Gemeinwohl einzustehen, fördern Politiker leider den egoistischen Götzendienst rund um das Auto.

Bruder Klaus: rebellisch oder verbürgerlicht?

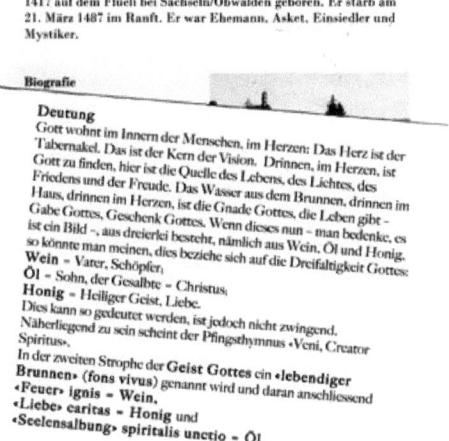

2017 feiert die Schweiz 600 Jahre Bruder Klaus. Zu diesem Jubiläum versandten katholische Religionspädagogen ein 17-seitiges Papier für 4 Lektionen. Beim Betrachten der Unterrichtsvorschläge „runzelte" ich mehrmals meine Stirne. Warum?

Verklärend

- Die ganze Unterrichtseinheit kommt in einem „verklärenden" Geist daher.
- Die sozialen Umstände sind schlichtweg ausgeblendet.
- Nichts steht zum Krieg und der Reisläuferei.
- Nichts steht zur Amtsmüdigkeit von Bruder Klaus.
- Nichts steht zur abgehobenen Kirche oder zum Ablasshandel.
- Nichts zur sozialen Armut und den abgehobenen und habsüchtigen Welt-, und Kirchenherren.
- Nichts von den religiösen Bewegungen zu seiner Zeit.

Historisches fehlt

- Bruder Klaus war militärgeschädigt, er nahm zwischen 1440 und 1444 an Kriegen teil, z. B. am alten Zürichkrieg, der Tausenden von Soldaten das Leben kostete. Niklaus wird so Zeuge von grosser Brutalität.
- Er war der Politik überdrüssig, die sich aus der Reisläuferei finanzierte – so zum Beispiel in Luzern zu 58% und in Solothurn zu 73% der Staatseinnahmen.
- Er störte sich an der Habsucht der Herren.
- Er war Teil einer Laienbewegung, einer neuen und einfachen Frömmigkeit. In der Zentralschweiz gab es 90 Einsiedeleien.
- Die armen Leute wurden von ihrem Heil durch die Kirche ferngehalten und durch die weltlichen Herren vom guten und besseren Leben.

Allegorisch statt historisch-kritisch

Ein Schwerpunkt der Unterrichtseinheit Bruder Klaus ist die interessante Brunnenvision. Nach dem Text folgt die Deutung der Vision.

Der Überfluss des Brunnens an Öl, Wein und Honig wird allegorisch gedeutet mit Vater, Schöpfer und Heiliger Geist – „dies kann so gedeutet werden". Als zweite Deutung enthalten die Unterlagen eine Symboldeutung von Wein als Feuer, von Honig als Liebe und Öl als Seelensalbung. Soziale Codes kennt die Deutung keine!

Brunnenvision ist rebellisch

Die Brunnenvision hat als Grundlage einen krassen Gegensatz, einerseits die hart arbeitenden Menschen, die trotzdem immer arm bleiben und der überquellende Brunnen mit besonderen Kostbarkeiten. Dieser Gegensatz wird immer wieder erwähnt.

Er sah eine grosse Zahl von Menschen und Bruder Klaus wunderte sich, dass sie trotz grossem Arbeitseifer so arm waren. Und selbst wenn sie ihre Arbeit verrichtet hatten, waren sie hinterher dennoch so arm wie zuvor.

Der Brunnen enthielt Wein, Öl und Honig. Drei Kostbarkeiten zu seiner Zeit. Der Brunnenkasten war wimpernvoll, so dass er unaufhörlich überquoll. Obwohl er für alle da war, erhielten die Leute nichts vom Überfluss.

Warum die Menschen nichts erhalten, schildert die Vision folgendermassen:

- Mitten durch den Platz hatte einer einen Zaun errichtet. Dieser verwehrte an einer Schranke den Leuten das Weitergehen und nahm ihnen den Pfennig ab.
- Ein anderer stand bedrohlich da mit Knebeln, die er jonglierte. Auch er wollte den Pfennig.
- Er sah Pfeifer, die ihnen pfiffen und den Pfennig heischten. Er sah Schneider und Schuhmacher und allerlei Handwerker, die von ihnen den Pfennig haben wollten.
- Der letzte Grund war ein Sumpf vor dem Brunnen.

Die allegorische Deutung kann weder den Zaun, noch die hinterhältige Art der Pfennigeintreiber noch die Armut der Menschen erklären. Ohne soziale Codes und ohne die historischen realen Verhältnisse kann sie dies nicht, respektive negiert sie diese sogar. Die Machtverhältnisse waren ausbeuterisch, die einfachen Menschen, das gemeine Volk hungerte. Gemäss Vision war jedoch genügend da.

Bruder Klaus kam in seiner Vision zum Brunnen. Wie das? Durch eine Tabernakeltüre stieg er zur Küche und zum Brunnen hin. Beim Sumpf zog er schnell die Füsse an sich und liess sich tragen. Obwohl das Anziehen der Füsse in der realen Welt keine Gewichtserleichterung ist, erkannte er in seinem Geiste, die Kraft und Unabhängigkeit die nötig war, um zum visionären Brunnen zu gelangen.

Nebst der realen Kritik an den herrschenden Zuständen, enthält die Brunnenvision spirituelle Kraft. Der Mensch kann mehr, wenn er sich Tragen lässt. Man könnte dies als Gnade bezeichnen oder als Unabhängigkeit. Die Brunnenvision ist damit nicht nur eine deprimierende Herrschaftskritik, sondern zeigt zudem auf, wie die Welt strukturiert ist und dass die Menschen zu den Honigtöpfen, ja selbst zum Wein gelangen können.

Bruder Klaus wird oft zum farblosen Landesheiligen stilisiert. Dies ist er definitiv nicht.

Hinweise:

- Zu Kriegsteilnahmen: Michael Bangert in Aufbruch Nr. 228, 2017
- Zu Einsiedlern und Waldmönchen: 041 – Das Kulturmagazin Nr. 5, 2017
- Zu historisch-sozialen Umständen und der Zaunsymbolik: Josef Lang in Neue Wege 5, 2017
- Zum Gehorsamsbegriff bei Bruder Klaus: Kurt Seifert in Neue Wege 4, 2017
- Die Brunnenvision ist als gekürzte Version hier auffindbar http://www.bruderklaus.com/?id=28

Der Grossvater und das Schächtverbot

Mein Grossvater war Tierarzt. Er praktizierte in Wolhusen und war zudem Fleischschauer. Bei der Fleischschau kontrollierte er das Fleisch, ob es verarbeitet werden kann und ob es einwandfrei ist. Jede Woche, meistens am Montag, waren einige Stunden Fleischschau eingeplant. Der Staat bezahlte diese Arbeit mit fixen Gebühren, was für den Land-, respektive Bergtierarzt (Romoos, Menzberg, Steinhuserberg) in der zeitweise ärmsten Region der Schweiz, wichtig war.

Viele Juden waren Händler, weil sie kein Handwerk ausüben durften. Einige waren auch Viehhändler. So kannte der Grossvater einige jüdische Viehhändler. Als die Deutschen in Frankreich einmarschierten, konnten sie nicht mehr in Besançon und Strasbourg schächten. Sie suchten darum eine Metzgerei und einen Fleischschauer/ Tierarzt in der Schweiz. In Wolhusen erhielten sie durch das Verständnis meines Grossvaters und des Metzgers Bieri die Möglichkeit der rituellen Schlachtung. Der Grossvater stellte dazu aber eine Bedingung. Er war nur bereit die Kontrolle des Fleisches zu übernehmen, wenn die Tiere mit einem Narkotikum betäubt werden. Rabbiner aus Genf, Basel und Zürich waren zugegen und sprachen laute Gebete, was mein Vater beobachtete, obwohl dies für Nichtjuden verboten war. Nach der Injektion fiel das Tier um. Der Oberrabbiner entnahm einem mit Samt gefütterten Koffer ein silbern glänzendes langes Messer. Nach einem präzisen Hieb fiel der Kopf des Tieres sofort zurück und das Tier verblutete.

Das Schächten fiel auf. Es dauerte kein ganzes Jahr, bis die Polizei einschritt. Für den Grossvater war das ein einschneidender Schnitt. Mit der Krisenzeit verlor er einen Grossteil seiner Einnahmen. Jede Schuldensanierung eines Bauernbetriebes wurde durch den Staat mit 5% abgegolten. Die restlichen 95% waren verloren. Hatte in den 20-er Jahren ein Untersuch einer Kuh in Romoos Fr. 5.- gekostet, blieben dem Tierarzt nur mehr 25 Rappen. Die folgende Kriegszeit war bespickt mit Aktivdienst und kleinem Sold. Und nun entzog man ihm für Jahre die Fleischschauerlizenz. Damit fiel die garantierte Einnahme weg.

Mich beindrucken zwei Sachverhalte. Der Grossvater wusste wohl, dass die Fleischschau in einer öffentlichen Metzgerei im Dorf früher oder später auffliegen wird. Autos waren selten. Der Grossvater hatte lange keines und besuchte die Bauern anfänglich noch zu Pferd und mit dem Fahrrad. Wenn also fremde Viehtransporter vor die Metzgerei fuhren und jüdische Personen ausstiegen, so konnte sich leicht jemand darüber aufregen.

Die Behörden waren ängstlich. Trotzdem nahm er die Anfrage an. Pflichtbewusst füllte er während dem Kriege die vorgeschriebenen Formulare für das Kriegswirtschaftsamt aus.

Das Schächten ist bis heute nicht geregelt. Obwohl der Bolzenschuss und die elektrische Zange öfters missrieten, war nur der Fleischschnitt verboten und verpönt. Die meisten Schächter verstehen ihr Handwerk. Falls das Tier doch zu unruhig ist, der Schnitt nicht exakt genug und rasch gelingt, verlangte der Grossvater die prophylaktische Betäubung. Bis heute haben wir noch keine bessere Lösung, als sie der Grossvater praktizierte!

Aus den Zürcher Studien zur Rechtsgeschichte, Band 42, Das Schächtverbot in der Schweiz, von Pascal Krauthammer, entnehme ich Seite 180f, die jüdische Gemeinde Luzerns stellte am 11.12.1940 ein Gesuch für Narkonumal-Schächtungen. Darauf „fragte das Militär- und Polizeidepartement des Kantons Luzern das Eidgenössische Justiz- und Polizeidepartement an, ob das Schächten mit Narkonumal mit der Bundesverfassung im Einklang stehe. Das Departement antwortete, dass das Schächten mit Narkonumal dem Art. 25bis BV nicht widerspreche, wenn die Betäubung selbst nicht tierquälerisch und vollständig sei sowie der nachherige Blutentzug nicht als Tierquälerei betrachtet werden könne."

Damit war das Schächten mit Narkonumal eigentlich verfassungskonform und erlaubt. „Aufgrund einer Reihe von Gutachten, die ihm die Firma Hoffmann-La Roche zur Verfügung gestellt hatte, wies Bloch [Der Verteidiger im Prozess, Anmerkung P. F.] nach, dass bei der Anwendung von Narkonumal eine Betäubung eintrat, wie sie von der Bundesverfassung gefordert wurde. So hatte auch das Eidgenössische Veterinäramt am 15. November 1940 dem Schweizerischen Israelitischen Gemeindebund folgendes mitgeteilt:

‚Sofern zuverlässig angenommen werden kann, dass die neue Methode zu wirklicher Betäubung führt, sind wir der Auffassung, dass sie der Vorschrift der B.V. ebenso genügt, wie jene. Der Art. 25 bis B.V. schreibt nicht vor, auf welche Weise die Betäubung vorgenommen werden muss'." „Aus diesen Gründen wurde dem Antrag des Statthalteramtes Luzern-Stadt nicht entsprochen und die Angeklagten vom Vorwurf der Übertretung des Schächtverbots freigesprochen." Warum wurden sie dennoch bestraft? „Die Beklagten Schloss und Bieri wurden wegen Falschdeklaration des Fleisches als nicht nachschaupflichtiger Darm mit je 20 Franken Busse belegt." Das Gesuch der jüdischen Gemeinde Luzerns wurde trotz Vereinbarkeit mit der Bundesverfassung abgelehnt. Dahinter steckten Ängste und Aversionen, wie sie Dr. Unger verbreitete. Er empfahl das Schächten zu unterlassen „um nicht selbst Judenhetzen zu provozieren."

Sulzigjoggali vor unserer Wohnungstüre

Jeden Tag lief ich am Bild des Sulzigsjoggalis vorbei. In unserem Treppenhaus hing der grosse Stich in einem schwarzen Rahmen. Immer, wenn ich nach Hause kam, die Treppe hinauf hastete, war das Bild da. Prägnant über einer Kommode hing der Sulzigjoggali. Links davon war die Eingangstüre zu unserer Wohnung und ein Stock höher wohnten meine Grossmutter und meine Tante.

Als Primarschüler verstand ich nicht so recht, warum ein Frömmler in unserem Treppenhaus hing. Warum wurde er gehängt und verbrannt? Der sieht doch harmlos aus? Meinem Vater stellte ich diese Fragen. Er erklärte mir die Geschichte und einige Hintergründe. Von nun an wusste ich, ein Ketzer hängt in unserem Treppenhaus, den man sogar folterte und ermordete. Für die Obrigkeit und den Klerus war er untragbar. Da war ich paff.

Der Vater erzählte mir, der Sulzigjoggali hatte viele Gegner, die Angst vor ihm hatten. Da wunderte ich mich, wer sich alles an ihm ärgern konnte. Als ich ihn fragte, ob in der Verwandtschaft dies alle unterstützen, meinte er, ich solle mit der Grossmutter im Haus nicht darüber reden. Die Tante verstehe dies, aber die Grossmutter nicht. „Ist dann die Grossmutter nicht dagegen, dass er hier hängt?", fragte ich. Der Vater beruhigte mich mit den Worten, sie wisse nichts zu diesem Bild und zu Sulzigjoggali. So hielt ich mich an den Ratschlag meines Vaters und redete mit der Grossmutter nie über das Bild.

Wer war Sulzigjoggali, der in unserem Hausflur prominent hing?

Jakob Schmidli, der auf dem kleinen Bauernhof Sulzig wirtschaftete, wurde Sulzigjoggali genannt. Er war das Kind von armen Eltern. Aufgewachsen war er als Verdingbub. Eigentlich war er zuerst Küfer. Als er zu wenig verdiente, reiste er als Fuhrknecht für die Weinhändler. So kam er in die Fremde und im Elsass in Kontakt zu „fremden" religiösen Ansichten. Als Soldat lernte er zudem pietistische Schriften kennen.

1732 kaufte er das Bergheimet „Sulzig" ob Werthenstein, das nahe bei Wolhusen lag. Weil das Heimetli zu wenig abwarf, musste Schmidli erneut als Fuhrknecht arbeiten. Dabei lernte er im Bernischen die Christ-Christen kennen. Ihm imponierte die Lehre von der Freiheit der Kinder Gottes, welche von allen äusseren Gesetzen unabhängig ein freies Leben führen. Mit dieser Haltung war er „unabhängig" gegenüber dem Staat und dem Klerus. Er und seine Anhänger nahmen zwar am religiösen Leben der örtlichen Pfarreien teil, jedoch versammelten sie sich zu eigenen Betrachtungen. Bibelschriften zirkulierten unter den Anhängern. Das war damals in katholischen Gegenden verboten. Wer in einer deutschsprachigen Bibel las, war als Nichtkleriker verdammt. Katholische Geistliche durften zwar eingeschränkt genehmigte deutsche Bibelübersetzungen lesen. Für Gottesdienste war jedoch die lateinische Vulgata-Bibel vorgeschrieben.

Alles begann mit einer Denunziation. Der Wundarzt Fridolin Disler suchte den Wolhuser Pfarrer Moritz Benninger auf, um ihm ein schlimmes Gerücht zu hinterbringen. In Werthenstein sei eine geheime Zusammenkunft von Männern und Frauen im Gang. Der katholische Geistliche eilte mit zwei Zeugen auf den Hof und überraschte eine Gruppe einfacher Leute beim Lesen religiöser Schriften. Der Geistliche war entsetzt. Er meldete seine Entdeckung der hohen Obrigkeit nach Luzern.

Die "gnädigen Herren" der Stadtrepublik Luzern setzten eine Untersuchungskommission ein. Der Denunziant, der selbst eine Zeit lang mit der Bewegung sympathisiert hatte, reichte Listen mit Namen „liederlicher Pietisten" ein. Danach folgte eine Verhaftungswelle von über 100 Personen. In der Stadt Luzern wurden die Kerker, Türme und selbst das alte Spital als Arrestzellen gefüllt. Der anschliessende Prozess dauerte acht Monate. Der Hauptangeklagte war Jakob Schmidli, dessen einziges Vergehen darin bestand, auf seine eigene Weise Gott anzubeten und die Heilige Schrift selbst zu lesen. Die Obrigkeit bezeichnete ihn als gefährlichen „Irrlehrer". Angriffe gegen den katholischen Glauben galten für sie als gefährliche Infragestellung der staatlichen Ordnung. Umso härter wurde gefoltert und geurteilt. Fünf Verhöre wurden durchgeführt und gefoltert, bis der Angeklagte seine Verfehlungen gestand. Die Anklagschrift warf ihm die folgenden Vergehen vor: Abfall vom katholischen Glauben, Einfuhr und Besitz glaubensfeindlicher Schriften, Verbreitung schädlicher Lehren, Abhaltung verbotener Zusammenkünfte, Briefwechsel mit Andersgläubigen, Teilnahme an reformierten Gottesdiensten, Gefährdung des Seelenheils von Katholiken und Verführung des Volkes zu Aufruhr und Rebellion. Nach einem erzwungenen Geständnis wurde Jakob Schmidli am 27. Mai 1747 vor den Toren der Stadt Luzerns beim Galgenwäldli bei Emmenbrücke hingerichtet.

Nebst dieser Hinrichtung wurden seine Anhänger zahlreich bestraft. 73 wurden auf ewig aus der Eidgenossenschaft verbannt. Zusätzlich brummten sie drei Angeklagte zwischen sechs und dreissig Jahre Galeerendienst in französischen Diensten auf. Alle mussten zudem in der Hofkirche den Irrglauben feierlich abschwören. Zwei Kranke wurden mit lebenslänglicher Haft bestraft und vier Angeklagte wurden mangels Beweisen freigesprochen.

Der Leichnam Schmidlis wurde nach der Hinrichtung mit den verbotenen Büchern verbrannt. Alle Spuren des Häretikers sollten vernichtet werden. Selbst das Wohnhaus und die Liegenschaft mit allen Gerätschaften wurden auf der Sulzig eingeäschert. Zur Erinnerung wurde auf der Sulzig eine Schandsäule errichte. Auf dieser war in Stein gemeisselt „wegen verbottenen Zusammenkünfte und Ketzerischen Lehren". Der Rat erneuerte drei Wochen nach der Hinrichtung das Kauf-, Verkaufs- und Leseverbot für die Bibel. Zehn Jahre später erlaubte der Papst erstmals den Laien das Lesen kirchlich genehmigter Bibelübersetzungen in deutscher Sprache.

Nachtrag: Das Bild und seine Erklärung durch den Vater haben mich vermutlich stärker geprägt als mir bewusst ist. Bis heute spüre ich eine Verbundenheit mit Ketzern. Das Bild vermittelte mir religiöse Toleranz ebenso wie das Recht auf eigene Rituale und Ansichten, auch für und von Laien. Trotz konservativem Elternhaus war die Haltung meines Vaters sehr liberal, wenn nicht sogar etwas rebellisch, obwohl er überzeugt katholisch und damals Mitglied der „christlichen" Partei war.

Politiker missbrauchen Gott

Matth 25,34 „Ich aber sage euch: Ihr sollt überhaupt nicht schwören". ... und zwar weder beim Himmel, bei der Erde, bei Jerusalem noch beim eigenen Haupt.

Neonationalrat Peter Schilliger, FDP-Luzern schwört mit Inbrunst.

Bildschirmfotos und Bearbeitung Ph. F.

Die Parlamentsarbeit beginnt alle vier Jahre mit der Vereidigung. Dabei schwören die Bürgerlichen auf Gott und die Vertreter der SP und Grünen legen ein Gelübde ab. Wie kommt diese strikte Trennung zustande und warum schwören Bürgerliche, obwohl ihr Glaube das Schwören verbietet?

Folgende Gründe sprechen für das Schwören der bürgerlichen Politiker (CVP, EVP, BDP, FDP und SVP):

1. Sie bevorzugen ihre Politik mit einem Machtgebilde zu legitimieren.
2. Nicht das Allgemeinwohl steht ihnen im Vordergrund, sondern die eigene Propaganda der „höheren" Werte.

3. Die Neumitglieder werden integriert und die Reihen geschlossen. Der Gruppendruck funktioniert.
4. Mit dem Schwören werden die Linken ausgegrenzt als profane und unehrenhafte Politiker.

Die Medien spielen die Ausgrenzung mit. Warum wurde auf Ruth Dreyfuss gezeigt, als sie die Finger nicht streckte? Aha, sie ist eine Jüdin. Und wie war es mit Simonetta Sommaruga? Die Medien gestalten daraus schnöde Geschichten. Und Sommarugas Mimik spricht dazu eine deutliche Sprache.

Im städtischen Parlament haben schon interessante Sozialliberale nicht geschworen. Sie sind leider ausgestorben. 2012 schlossen sie die Reihen wieder, die Trennlinie zu 100%. Und wenn die Trennlinie aufgeweicht wird, dann im nationalen Parlament von den Sozialdemokraten. Ein Beispiel ist auf dem Foto ersichtlich.

Ein Jahr lang gehörte ich der Synode im Kanton Luzern an. Im Parlament der Landeskirche wurde grossmehrheitlich nicht geschworen. Die Mehrheit wusste, biblisch gesehen ist „Schwören" ein Missbrauch des Gottesnamen. Belegstellen dazu sind reichlich vorhanden: Mat 5,33-37 / 2 Kor 1,17/ Jak 5,12 / 3. Mose 19,12/ 5. Mose 23,22-24/ Psalmen 50,14/ Jes 48,1/ Mat 23,16-23. Anstatt zu Schwören soll Ja ein Ja und Nein ein Nein sein. Gemäss Matthäus (23,16ff) rufe ich ihnen zu, „Wehe euch! Ihr wollt andere führen und seid selbst blind. ... aber um das Wichtigste an seinem Gesetz, um Gerechtigkeit, Barmherzigkeit und Treue, darum kümmert ihr euch nicht."

PS-Einwand: In meiner Bibel steht der Titel, „Du sollst nicht falsch schwören!" Dies ist also kein Verbot. Antwort: Alle Titel sind in griechischen Originaltexten nicht enthalten. Der hier erwähnte Titel wurde nachträglich eingefügt und widerspricht der Intention des Textes. Damit ist er eindeutig ideologisch.

Ethik oder Fraktionszwang

Da feiert die CVP ihren Geburtstag in Luzern und lädt als Festredner Heiner Geissler ein. Der ehemalige Generalsekretär der CDU ist bekannt als ethischer Mahner und ein Gegner des Fraktionszwangs[1]. Seine Grundlage ist ein aufgeklärtes Christentum, das dem Gewissen verpflichtet sein soll. Die Realität sieht schon bei der CVP Stadt Luzern anders aus. Obwohl der Fraktionszwang verfassungsmässig verboten ist, praktizieren sie dies bei A-Geschäften. CVP-Grossstadträte beklagen dies im Rat hinter vorgehaltener Hand, die Fraktionspräsidien der Parteien spötteln darüber, wie „War dies jetzt wieder ein CVP-A-Geschäft?" Und dennoch, der Fraktionszwang funktioniert. Die Interessen obsiegen über das individuelle Gewissen der Parlamentarier. Herr Geissler, ihr christlicher Idealismus in Ehren. Die CVP-Realität sieht schon anders aus und gleicht eher einer nationalen SVP-Doktrin.

Bei linken Parteien funktioniert der Fraktionszwang indirekter. Mit dem Minderheitskomplex werden nationale und lokale Grössen geschont und so geschützt, dass ihre Fehler und Manipulationen nicht öffentlich diskutiert werden. Wer es trotzdem wagt, wird ausgeschlossen. Im Buch „Säuhäfeli-Säudeckeli" wurde ich aus der Fraktion ausgeschlossen, weil ich die Lügen einer „verbündeten" Stadträtin thematisierte.

Die Rechtslage ist eindeutig:

1. In der Schweiz ist das freie Mandat der National- und Ständeräte durch die Verfassung gesichert. Das sogenannte **„Instruktionsverbot"** des Art. 161 S.1 der Bundesverfassung bestimmt, dass die Parlamentarier ohne Weisung stimmen. „Die

Mitglieder der Bundesversammlung stimmen ohne Weisungen."
2. Die Luzerner Kantonsverfassung regelt dies analog, § 40, „Die Mitglieder des Kantonsrates beraten und stimmen ohne Weisungen."
3. Und das Geschäftsreglement des Grossen Stadtrates schreibt die Mandate als frei vor. Art. 29 „Die Mitglieder des Rates stimmen ohne verbindliche Instruktion nach ihrem freien Entschluss.

Nachtrag:

[1] Heiner Geissler, Was würde Jesus heute sagen?, Seite 110 und 135. „Der normale Bürger macht sich keine rechte Vorstellung, in welcher Weise die freie Meinungsbildung und Meinungsäusserung der Abgeordneten von den Parteiführungen eingeschränkt und unterdrückt wird. Wer etwas anderes meint, als die Fraktionsführungen für richtig halten und dies auch noch äussert, wird zum Aussenseiter, zum Abweichler, im schlimmsten Fall sogar zum Verräter."

Vertreter aus anderen Gemeinden (u.a. Kriens) berichten vom Fraktionszwang in ihrer Gemeinde. Obwohl Journalisten der Neuen LZ den Artikel kannten, wurde dieser Missstand nie recherchiert.

Angstmacherei mit Islamisierung

Die Minarettinitiative ging verloren. Aus der Bauvorlage wurde eine Initiative gegen alles Muslimische. Das SVP-Plakat gab eigentlich schon die Stossrichtung vor, stopp Islamisierung, stopp Burkas – als ob das ein Problem sei. Die CVP entpuppte sich mit diesem Profilierungsversuch (Burkaverbot) sogar als thematisch hilfreich für die SVP. Was machten die Gegner der Minarettsverbotsinitiative? Sie sprachen sich für den religiösen Frieden aus, z. B. mit dem Slogan „Der Himmel ist gross genug für mehrere Religionen." Dies war ein schönes Plakat, doch damit war die dumpfe Propaganda der SVP allein nicht zu kehren. Wir konterten so die gegnerischen Behauptungen nicht.

Das Gespenst der „Islamisierung" wurde nicht zum ersten Mal verwendet. Schon 2004 operierte die SVP mit dieser Angst. Bei der erleichterten Einbürgerung schaltete die SVP-Parallelorganisation von NR Schlüer unzählige Inserate mit „Muslime bald in der Mehrheit?"

Unter dem Stichwort Islamisierung sind mehrere Videos auf YouTube geschaltet. Sie wurden von teuren PR-Firmen gestaltet und haben ihren Ursprung im fundamentalistischen Bush-Christentum. Anhand von „Fertilisationsrechnungen" wird die Islamisierung der westlichen Welt hochgerechnet – was SVP-Schlüer aus Flaach seit 2004 genau so verbreitet. Und abgesehen davon, Schlüer und die SVP waren schon damals am 26.9.04 erfolgreich.

Wie gehen sie vor und wie manipulieren sie?

1. Wenige und isolierte Daten
2. Einseitige Hochrechnung
3. Ausblenden von mathematischen Gesetzen
4. Ausblenden der übrigen Kategorien
5. Stimmungsmache durch Unterorganisationen

1. Wenige und isolierte Daten

Die Rechten nehmen einzelne demografische Daten für ihre Verschwörungen. Sie werden nicht nominell aufgeführt, sondern prozentual, was die Menge verschleiert. Konkret wurden nur zwei Daten (Anteil der Muslime in der Schweiz) zu 1990 und 2000, nämlich 2,2% und 4,5% benutzt. Die zweite Zahl wurde erst noch aufgerundet von 4,26 auf 4,5, aber das spielt für die SVP sowieso keine Rolle. Aus dem Verhältnis dieser zwei Zahlen lässt sich fast alles behaupten. Und genau dies machte die SVP.

2. Einseitige Hochrechnungen

4,5% ist das Doppelte von 2,2%. Diese Verdoppelung in 10 Jahren postulieren sie ebenso für die Zukunft. Für das Jahr 2010 ergibt sich dann 9%, für 2020 18%, für 2030 36% und für das Jahr 2040 72%. So werden die Muslime zur zukünftigen Mehrheit und für einige zur Bedrohung stilisiert. Im Inserat wird behauptet „In zwanzig Jahren haben sie die Mehrheit. Dann gibt es mehr Muslime als Christen."

3. Ausblenden von mathematischen Gesetzen

Für das Jahr 2050 ergäbe ihre Rechnungsweise 144% Muslime, was statistisch gesehen mehr als ein Blödsinn ist. Doch das wird verschwiegen. Merke: Jeder Statistiker weiss, Verdoppelungen auf kleinem Niveau sind schnell möglich, jedoch ab zweistelligen Prozentzahlen nicht mehr. Zum Manipulieren ist ihnen dies jedoch passend und rechtens.

4. Ausblenden von anderen Kategorien

Die grösste reale Zunahme hatten nicht die Muslime, sondern Menschen ohne religiöse Zugehörigkeit. Diese Kategorie nahm in den letzten 20 Jahren um 568,2-Tausend zu. Die Muslime nahmen im gleichen Zeitraum nicht einmal halb so viel zu. Die Konfessionslosen sind die grössere Gruppe als die Muslime und sie wachsen zudem real stärker. Dieser Trend schliesst eine Entwicklung zur Muslimmehrheit klar aus. Doch durch die selektive Datenauswahl der SVP wird dies umgangen.

5. Stimmungsmache durch Unterorganisationen

Die Angstmacherei mit unseriösen Zahlen lagert die SVP aus. Das Schmuddelige überlassen sie dem SVP-Nationalrat Ulrich Schlüer. Seine Organisationen sind die Schweizerzeit, das Initiativkomitee gegen den Bau von Minaretten, das überparteilichen Komitee gegen Masseneinbürgerungen und der SVP-Ableger PIKOM. Letzteres wird von dem homosexuellen SVP-Grossrat Fuchs präsidiert. Diese Strategie gaukelt eine unabhängige und volksnahe Stimme vor. Für die SVP hat es den weiteren Vorteil, dass sie für die Volksverhetzung nicht direkt haftbar gemacht werden kann.

Die folgenden Zahlen können unter dem folgenden Link beim Bundesamt für Statistik überprüft werden.

http://www.bfs.admin.ch/bfs/portal/de/index/themen/01/05/blank/key/religionen.html

Zahlen in Tausend	**1980**	**1990**	**2000**	**Differenz**
Christen	5968.5	6061.8	5776.6	-191.9
Muslime	56.6	152.2	310.8	+254.2
Andere Religionsgemeinschaften	30.1	46.8	75	+44.9
Keine Zugehörigkeit	241.6	510.9	809.8	+568.2

Kreuzknatsch und Medienspektakel

Untertitel: Ein Lehrstück zum Innerschweizer Monopolblatt

Da war einmal ein Schulhauswart, der ungefragt einem Lehrer ein grosses, eisernes Kreuz über seine Türe nagelte. Der betroffene Lehrer entfernte das Kreuz. Die Geschichte wäre eigentlich zu Ende, wenn da nicht die lokale Zeitung wäre.

Dieses Blatt veröffentlichte trotz Redaktionsstatut, keine anonymen Leserbriefe zu veröffentlichen, einen anonymen und hetzerischen Leserbrief. Die schreibende Person war geschützt, der Angegriffene identifizierbar. Der Leserbrief enthielt Unwahrheiten, persönliche Angriffe und Unterstellungen. Der Brief gipfelte in der rhetorischen Frage, „Kommt es so weit, dass alle christlichen Kirchen die Kreuze auf dem Dach abschrauben müssen?"

Kreuz vom Schulzimmer entfernt

Es ist noch gar nicht lange her, als ein Religionslehrer ein eigenes Schulzimmer im Schulhaus Loreto in Zug bezog. Man wollte ihn mit einem künstlerischen Kreuz über der Zimmereingangstür überraschen, doch stattdessen entfernte er kurzerhand das Kreuz und liess es im Schrank verschwinden.

Bei Nachfrage, weshalb, erhielt man nur die lakonische Antwort: «Wir müssen auf die anderen Religionen, wie zum Beispiel die Moslems, Rücksicht nehmen. Deshalb darf kein Kreuz über dem Zimmereingang hängen!»

Ehrlich gesagt, traf mich fast der Schlag! Müssen wir denn schon unsere eigene Religion verstecken oder verleugnen, nur wegen Andersgläubigen, die nicht unserer Religion angehören? Was ist das für ein Religionslehrer, der nicht einmal unsere Religion vertreten kann? Kommt es so weit, dass alle christlichen Kirchen die Kreuze auf dem Dach abschrauben müssen?

Ich finde es nicht in Ordnung, dass wir immer mehr zurückgestuft werden. Andersgläubige sollen sich anpassen und unsere Kultur respektieren und nicht umgekehrt! Wenn wir ins Ausland gehen, versuchen wir uns auch respektvoll zu benehmen und achten die dortige Kultur.

(NAME DER REDAKTION BEKANNT)

Anonymer Angriff gegen Religionslehrer

10/3/2001 Neue ZZ

«Kreuz vom Schulzimmer entfernt» und «Fragwürdige Aussage», Leserbriefe vom 5. und 9. März

Aus der Deckung der Anonymität heraus wurde unser Religionslehrer per Leserbrief angegriffen, weil er ein Kreuz vor seinem Schulzimmer nicht dort beliess, wo es an anderer hingehängt hatte. Der ominöse Vermerk «Name der Redaktion bekannt» täuscht nicht darüber hinweg, dass die Leserbriefschreiber nicht den Mut hatten, zu ihren Angriffen zu stehen.

Das ist absolut unfair: Der Angegriffene ist klar identifiziert – die Angreifer halten sich bedeckt. Wir begreifen nicht, dass solche Angriffe anonym in der Zeitung erscheinen dürfen. Auf diese Art wird eine konstruktive Auseinandersetzung unter den Direktbetroffenen verunmöglicht.

Wer sich so verhält wie diese Leserbriefschreiber, tut gleichzeitig der christlichen Sache einen denkbar schlechten Dienst. Die Religionslehrer haben – und hatten schon immer – einen überaus schwierigen Auftrag zu erfüllen. Sie hätten wirklich anderes verdient, als auf diese Art und Weise angegriffen zu werden. Übrigens: Im Zimmer des Religionslehrers befindet sich ein Kreuz.

SCHULLEITUNG DER OBERSTUFE
LORETO ZUG: **URS LANDOLT,
BEAT WASER** UND **JÜRG MEILE**

Die Schulhausleitung reagierte gleichentags bei der Zeitung mit Missfallen. Sie erfuhr, der Zuger Chefredaktor hat diesen Brief abgesegnet.

Die Zeitung veröffentlichte vier Tage später einen zweiten anonymen Leserbrief, der ebenso mich disqualifizierte und mit Fremdenangst und Untergangsängsten bespickt war.

Im nächsten Akt des Kreuzdramas reagierte die Schulleitung. Sie stellte sachlich und prägnant die Situation dar. „Anonymer Angriff gegen Religionslehrer", lautet der Leserbrief. Die Leserbriefe wurden als unfaire, anonyme Angriffe gegen den Religionslehrer bezeichnet. Damit stützte mich die Schulleitung.

Schulhausintern war die Herkunft des anonymen Leserbriefes bekannt. Das Hauswartspaar hatte ihn selbst verfasst. Sie fanden es nicht nötig, das Gespräch mit dem Direktbetroffenen zu suchen. Sie gelangen auch nicht an die Schulleitung, obwohl dies eine interne Regelung ist. Sie wussten nicht einmal, dass der Unterricht interkonfessionell geführt wird und für alle ist. Darauf erhielt das Hauswartspaar einen Verweis. Der Zeitungsredaktion wurde dieser Sachverhalte mitgeteilt.

Die unsägliche Zeitung gab nicht auf. Sie wollte einen Skandal. Und ich sollte herhalten. In Bayern brandete ein verfassungsmässiger Kreuzknatsch, den sie meinten, der könne sich in Zug wiederholen. Eine Journalistin der Neuen ZZ wollte eine Reportage mit Fotos zu mir machen. Ich lehnte dankend ab.

Acht Tage später lautete der Aushang der Neuen LZ und der Neuen ZZ „Streit um Kruzifix im Schulzimmer". – Im Schulzimmer war schon einmal falsch, das Kreuz sollte über der Türe ausserhalb prangen. Im Zentrum des Artikels war ein Interview mit Josef Hochstrasser, Religionslehrer der Kantonsschule Zug. Das Interview enthielt viele Fehler und Falscheinschätzungen. Josef Hochstrasser entschuldigte sich nachträglich dafür. Unentschuldbar war jedoch die reisserische Aufmachung der Zeitung auf der Titelseite. Der Kreuzaufhänger wurde als freundlicher Typ geschildert, der den Religionslehrer überraschen wollte. Der Religionslehrer wurde als undankbarer Typ dargestellt, der keine „überschwängliche Freude" zeigte, sondern verärgert reagierte. Nirgends stand, dass das Kreuz gross und überhaupt nicht „künstlerisch" war. Das Kreuz wurde ungefragt über die Türe im Aussenbereich angebracht. Alle, die das Schulzimmer betreten, müssen unter diesem schmiedeeisernen Kreuze eintreten. Sowohl für Konfessionslose, die besuchten den Unterricht auch, als auch für Nichtchristen, als auch für Christen, war das Kreuz deplatziert. Die Symbolik des schweren Kreuzes über der Türe glich dem herrschaftlichen Spruch, „Unter diesem Kreuze sollt ihr kriechen."

Wer so prominent einen Knatsch futtert, der nährt und pflegt ihn weiter. Die Telefonate liefen im Schulhaus heiss. Einen anonymen

Leserbrief erhielt ich im Schulhaus, er war jedoch an Mr. Josef Hochstrasser adressiert. Zahlreiche Leserbriefe folgten. „Ist es ein Kreuz mit den Religionslehrern in Zug?", lautete der eine Titel. Der Titel zu vier Leserbriefen lautete, „Warum können wir Schweizer nicht zu unserer Religion stehen?". Der Kirchenrat meldete sich. Ich wurde im Unterricht besucht.

Mein nächster Schritt bestand darin, den Leserschaftsrat und den Chefredaktor zu informieren und anzurufen. Ich beanstandete fünf Punkte.

1. Anonymer Angriff auf meine Person
2. Verletzende Äusserungen
3. Berufsschädigende und berufserschwerende Angriffe
4. Mehrarbeit
5. Plattform für Fremdenfeindlichkeit

Stefan Ragaz, damaliger Chefredaktor Stellvertreter, schrieb mir am 25.4. Er meinte: „dass Sie in der Berichterstattung nicht so schlecht wegkommen, wie Sie es empfinden, sondern als ein Mensch mit Courage, der weiterdenkt."

Erst nach einer Mahnung meldete sich am 23.7. der Präsident des Leserschaftsrates, Peter Schulz. Er schrieb: „Die Veröffentlichung dieses Briefes ist aus meiner Sicht unakzeptabel." „Die Bemerkung: ‚Was ist das für ein Religionslehrer ... , hat einen beleidigenden Charakter und hätte, bei aller kommentierenden Freiheit in Leserbriefen, von der Redaktion gestrichen werden müssen, ..." Danach beschreibt er, was die Redaktion gut leistete. Er bedauerte, dass ich selbst nicht an die Öffentlichkeit gelang. Zum Schluss erhielt ich Tipps für den Unterricht und die Zimmergestaltung. Ein weiterer Briefwechsel folgte, bis ein abschliessendes Gespräch mit Stefan Ragaz im Opus stattfand.

Dieses Gespräch war enttäuschend. Zwar entschuldigte sich Stefan Ragaz für die redaktionelle Fehlleistung. Die von Peter Schulz kritisierte unakzeptable Veröffentlichung des Leserbriefes hatte keine weiteren Konsequenzen.

Der beleidigende Charakter der Briefe und die beleidigende Titelsetzung der Redaktion waren Fehler und dies musste das Opfer einfach schlucken. Schon beim Hinweis, die Redaktion sei eine Plattform für Fremdenfeindlichkeit und fördere Ängste zur Multikultur, wurden zurückgewiesen. Anstatt vorwärtsschauend nach der staatlichen Verantwortung zu fragen, thematisiert die Zeitung kulturelle Vorherrschaft und die Angst vor gegenseitigem Lernen. Dazu wollte Ragaz und Schulz nicht diskutieren. Für die über 30 Stunden Aufwand und die emotionale Anspannung erhielt ich nichts als Erklärungen. Selbst dieses gut stündige Gespräch konnte ich nicht wie Ragaz als Arbeitsleistung verrechnen. Für die konservative Zeitung war das Thema gegessen. Sie hatte ihre Aufmerksamkeit und sie konnte ihre Klientel mit emotionalen Geschichten bedienen.

Fairness oder Gerechtigkeit

Die aktuelle Ausgabe wendekreis widmet sich dem Thema Fair, gerecht und ungerecht. Einige gute Karikaturen zeigen sehr schön, was ungerecht ist. Leider widmet sich kein Artikel der Frage, was gerecht, ungerecht ist. Die Autorin des Artikels „Wie fair ist die Gerechtigkeit?" wendet sich der Frage Fairness zu ohne „die Gerechtigkeit" zu definieren. Ihre Erkenntnis ist, Fairness sei ein Nullsummenspiel. Hätte sie sich mit der Gerechtigkeit auseinandergesetzt, wäre sie auf mindestens fünf Gerechtigkeitssysteme gestossen. Dies sind: Gerechtigkeit nach 1. Leistung, 2. Einsatz, 3. Bedarf, 4. Gleichbehandlung, 5. Abmachung, Vertrag. Diese fünf Gerechtigkeiten stehen zum Teil in Konkurrenz zueinander.

Die Gerechtigkeitsfrage wird im berühmten Gleichnis, die Arbeiter im Weinberg (Mat. 20,1-16) wunderbar abgehandelt. Der herrschenden Leistungsgerechtigkeit setzt das Gleichnis die Bedarfsgerechtigkeit (1 Denar ist der übliche Tageslohn und Tagesbedarf eines Arbeiters), die Gleichbehandlung (1 Denar für alle) und die Vertragsgerechtigkeit entgegen. Das ist nicht alles. Als ein Vertreter der Leistungsgerechtigkeit protestiert, warum er nicht mehr erhält, überrascht die Antwort. Jesus verweist auf die eingehaltene Abmachung (Vertragsgerechtigkeit) und auf das, was jede Gerechtigkeit übersteigt – grosszügiges Verhalten.

Nachtrag:

Dieser Artikel erschien als Leserbrief im wendekreis 2/2015 zum Artikel „Wie fair ist die Gerechtigkeit?"

Im Schulunterricht thematisiere ich Gerechtigkeit mit folgendem Arbeitsblatt. Die Schüler und Schülerinnen verteilen Einnahmen und teilen den Lohn zu. Ihre Zuteilung müssen sie begründen. Lebhafte Diskussionen dazu sind garantiert.

Der Lohn der Zügelmänner: Wie entscheidest du?

Ein Team von 5 Zügelmännern führt einen Umzug durch. Sie stehen wie immer unter Zeitdruck und der Platz im Wagen ist knapp, so dass sie sich gut überlegen müssen, wie sie die Möbel verstauen. Sie bekommen für den Umzug 2000.- Franken. 400.- Fr. sind für die Kosten der Zügelfirma (Lastwagenanteil, Benzin, weitere Materialien).

Wie würdest du die verbleibenden 1600 Franken auf die 5 Arbeiter verteilen?

Ich vertrete folgende Gerechtigkeitsinhalte: .... Das Gleichnis weist auf folgende Gerechtigkeiten hin: ....

Gerechtigkeit nach:	A	B	C	D	E
1. .... 2. .... 3. .... 4. .... 5.					
Eigenschaften	Kräftig	Nicht kräftig	Kräftig	Nicht kräftig	Nicht kräftig
Einsatz	Strengt sich an	Strengt sich an	Strengt sich nicht an	Strengt sich nicht an	Strengt sich nicht an
Leistung	Sehr viele Möbelstücke	Normal viele Möbelstücke	Normal viele Möbelstücke	Wenig Möbelstücke	Keine Möbelstücke, guter Planer
Persönliche Lage	Alleinstehend	Familie mit 3 Kindern	Geschieden, 1 Kind	Arbeitslose Partnerin mit Kleinkind	Luxuriöser Lebensstil, Ehefrau voll berufstätig
Lohnvorschlag					

Mehr als Gerechtigkeit ist gemäss Gleichnis: ....

Religionsunterricht – was kann oder soll er?

Theologen der Zeitschrift „Erwägungen", eine Beilage der Neuen Wege, fragten, was lehren und lernen wir in der Schule? Wie die Welt ist oder wie sie anders sein kann? Meine veröffentlichte Antwort lautete 2014:

Konkrete Begegnungen und Haltungen führen uns zum Ist- und Soll-Zustand

Die Leitfrage, was sinnvoll gelehrt/ gelernt werden soll, lässt sich nicht auf einen Nenner bringen. Die verengte Oder-Frage führt in die Irre. Wir Lehrpersonen müssen uns sowohl der Welt stellen, wie sie ist, als auch diese Welt hinterfragen und Zuspruch einer anderen Weltsicht aufrecht erhalten. Wer nur von einer anderen Welt träumt, kann nicht auf die bestehende reagieren. Wer sich nur der bestehenden zuwendet, verliert die Transzendenz, die Alternativen zu den Unrechtssystemen. Diesbezüglich halte ich mich an Kurt Marti, der Zärtlichkeit und Genauigkeit fordert. Das Eine ohne das Andere wird fad, einfältig und verflacht. Nur Zärtlichkeit wird zur Überforderung, nur Genauigkeit wird zur Brutalität. Wie die Welt ist und nicht sein darf ist der Beginn der Suche nach einer anderen Welt. So viel zur Einleitungsfrage.

Was kann und soll die Schule leisten, insbesondere Religionslehrerlnnen? Vereinfacht gesagt, ich will Begegnungen ermöglichen, anleiten Erfahrungen zu reflektieren und Haltungen mit ihren Interessen diskutieren.

Begegnungen

Verschiedenste Begegnungen kultureller, religiöser und sozialer Art erweitern den Horizont. Sie eröffnen ein Tor zu einer anderen Welt. Sie ermöglichen zudem eine Begegnung mit mir selbst und meiner Haltung. Theologisch fundiert haben dies u.a. Emmanuel Levinas und Martin Buber. Wir werden erst am Du, den Anderen. Konkret sind Gespräche mit Religionsvertretern, Behinderten, SeniorInnen und Kleinkindern, Gefängnisseelsorgern, ImmigrantInnen, Ex-Junkies bereichernd. Wir lernen nicht, indem wir über sie sprechen, sondern mit ihnen. Diese Erfahrungen ist keine dozierte Sicht der Lehrperson, sondern eine dialogische Auseinandersetzung mit anderen Erfahrungen. Über Jugendliche wird oft gelästert, wie wenig sie sich sagen lassen. Ansichten von Lehrpersonen werden oft abgelehnt. Erfahrungsaustausch mit Direktbetroffenen schätzen sie. Über diese Begegnungen reden, reflektieren und tauschen sie sich gerne aus.

Haltungen, Ethik, Moral

Appellative Aufforderungen und moralingesäuerte Konsumverhaltensrichtlinien (Fastenopfer, Brot für alle) verpuffen meistens erfolglos. Sie sind nicht nachhaltig. Die Diskussion von Haltungen im Gespräch mit Betroffenen öffnet die Türen für eigene Verhaltensänderungen.

Die Bibel fordert Haltungen heraus. Z. B. kann das Weinberggleichnis sehr gut zur Gerechtigkeitsdiskussion eingesetzt werden. Nicht, dass die Bibel die Lösung hat, sondern Alternativen aufzeigt. Also keine plumpe Indoktrination einer Gleichheitsdiskussion, sondern eine methodische Problematisierung, die bei den SchülerInnen ansetzt. Simplifizierende Ansichten werden nicht durch ein

Gegenprojekt aufgebrochen, sondern durch die Problematisierung der Situation der Armen und der Not und dem eigenen Suchen, Begründen einer Haltung und der Schritte zur Verbesserung. Die göttliche Gerechtigkeit und Barmherzigkeit werden nicht angenommen, wenn sie gelehrt wird. Wer jedoch sieht, dass es verschiedenen Gerechtigkeiten gibt, anerkennt zuerst die Grenzen der eigenen Gerechtigkeit. Damit kann er sich öffnen für Neues und Grösseres.

Damit bin ich wieder am Anfang der Fragestellung und den dort postulierten Aussagen. Wir benötigen sowohl das Realisieren der herrschenden Welt als auch die Mittel der Transzendenz für eine gerechtere Welt.

Islamisierung der Stadt Luzern?

Diese Frage stellte der Präsident der SVP Stadt Luzern im Grossstadtrat, wobei er die Frage selbst mit ja beantwortete. Er stellte die Frage, weil der Stadtrat die Kornschütte für die Ausstellung „Islamischer Alltag im Kanton Luzern" zur Verfügung stellte. Diese Ausstellung wurde lobenswert von den drei Landeskirchen unterstützt und begleitet. Als freche Rückfrage bleibt, ob der SVP-Parlamentarier gegen die Ausstellung war, damit keine Begegnungen möglich sind, keine Informationen ausgetauscht werden, damit weiterhin ungestört Klischees verbreitet werden können?

Erinnern sie sich noch an die eidgenössischen Einbürgerungsinitiativen? Da prophezeite die SVP mit unmöglichen Zahlen eine vollständige Islamisierung der Schweiz. Würden sich die Zahlen so verhalten, wie sie die SVP interpretiert, wären die Reformierten in der Stadt Luzern heute anhand der Zuwachsraten zwischen 1860 und 1888 bei über 400%. Die Gruppe der Konfessionslose sind aktuell die grössere Gruppe als die Angehörigen des Islams, und sie verzeichnen real auch den grösseren Zuwachs. Nur Demagogen und mathematische Banausen können trotz der realen Zahlen eine islamische Mehrheit herauf-beschwören.

Ein Luzerner SVP-Politiker hat eine Broschüre mit folgendem Titelbild herausgegeben: ein grosses Minarett verdrängt den umfallenden Wasserturm. Auch hier wird der Islam bewusst eingesetzt. Nebst blödsinnigen Behauptungen, „der Islam ist einheitlich" verletzt die Broschüre religiöse Gefühle. Immer wieder zitiert der SVP-Autor blutrünstige Vertreter (Scheich Kischk, Ayatollah Khalkhali und Metin Kaplan) des Islams, so als ob nur sie zählen. Entsprechend wäre dies im Christentum, wenn nur blutrünstige Kreuzritter als die wahren Vertreter gelten. Der SVP-Politiker versucht das Christentum im Gegensatz zur Gewalt stehend zu bezeichnen. SVP als pazifistische Partei - Demagogie oder Zweckmissbrauch? Gehört der christliche Bush auch zum Pazifismus? Meint der er die pax romana – der Frieden der Unterdrückungsmacht – oder das Reich Gottes, der Friede für die Unterdrückten?

Das Geschwätz vom Wachstum

Das neuste Buch von Urs P. Gasche und Hanspeter Guggenbühl trägt den Titel „Das Geschwätz vom Wachstum". Die bekannten Autoren waren entweder beim Kassensturz, K-Tipp oder sonst journalistisch tätig. Ihr neustes Buch richtet sich gegen das Schlagwort Wachstum. Das von ökonomischen Predigern (Avenir Suisse, aber auch Ex-SPS Präsident Peter Bodenmann und Gewerkschaftsökonomen) geforderte Wachstum beseitigt weder Armut noch Arbeitslosigkeit, ist für die Finanzierung der Renten nicht nötig, verschlechtert unsere Lebensqualität und zerstört die Natur. Dies erklären die beiden Autoren mit einer einfachen Sprache eindrücklich. Das Buch richtet sich an Menschen, die den Wachstumsschwätzern Paroli bieten wollen. In einer begrenzten Welt ist ewiges Wachstum ohnehin nicht möglich. Darum ist es ein Gebot der Vernunft, uns schrittweise vom Wachstumszwang zu befreien und alternative Lösungen endlich ernsthaft zu diskutieren.

Sehr eindrücklich ist allein schon das Titelbild des Buches. So verläuft die Wachstumskurve des Bruttoinlandproduktes (BIP), falls die Wirtschaft stetig um drei Prozent pro Jahr wächst, wie das die Wachstumsprediger wünschen.

Im Jahr 2050 wäre dies vier Mal und im Jahr 2100 wäre dies neunzehn Mal grösser als im Jahr 2000!

Das Titelbild allein ist eine Meditation wert. Und welches Wachstum steht wieder einmal im Vordergrund? Leider kaum das nachhaltige oder soziale Wachstum, sondern allein das monetäre Wachstum der Produktion und Konsumtion.

Sparen

Beim Wort „Sparen" denken viele an Vorsorge oder an einen haushälterischen Umgang mit Ressourcen. Beim Energiesparen denken wir zum Beispiel an den sorgsamen Einsatz der begrenzten Rohstoffe im Gegensatz zur leichtsinnigen Verschwendung. Unsere Gedanken verbinden damit einen bewussteren Umgang, neuer Lebensqualität und innovativem Verhalten. „Sparen" hat einen positiven Klang und wird im Zusammenhang mit der Bewahrung der Schöpfung als christliche Tugend wahrgenommen.

Sparen ist nicht gleich sparen.

Die Medien sind voll von Sparberichten. Aktuell beherrscht das Sparen die Politik: Steuergesetzrevision, Reform 06 und Entlastungsprogramme beim Kanton, bei der Stadt und beim Bund. Was da unter Sparprogramm verkauft wird heisst Schliessung des Naturmuseums, der Kanti Beromünster, der Höhenklinik, des Spitals Wolhusens oder die Überwälzung der Musikschulbeiträge auf die Gemeinden und Eltern. Damit hat Sparen nichts mehr mit Vorsorge und neuer Lebensqualität zu tun. Gewisse Leistungen werden einfach unbezahlbar und manche Eltern können den Unterricht ihrer Kinder schlichtweg nicht mehr bezahlen. In Wolhusen verliert die Region ihren grössten Arbeitgeber. PatientInnen und BesucherInnen erhalten viel längere Anreisewege. Selbst wenn dies erst Vorschläge zur Einhaltung der Steuersenkungsabsichten sind, so verunsichern sie die Angestellten enorm. Sie wissen, die Absichten und der Auftrag zum Abbau sind klar gegeben, auch wenn sich nicht mehr alle PolitikerInnen an ihre eigenen Vorstösse und Initiativen erinnern.

Sparen für neue Strassen und für die Besitzer von Holdinggesellschaften!

Wofür sparen wir eigentlich? Und für wen? Interessanterweise wird in bestimmten Bereichen das Geld mit grosser Kelle ausgegeben, so zum Beispiel im Strassenbau. Das Agglomerationsprogramm enthält Ausgaben für 2600 Millionen, mehrheitlich für Strassen. Auf der Gegenseite wurden im Kanton die Steuern für Holdinggesellschaften fünfzigfach gekürzt, was in der Neuen LZ vom 22.9.05 nachzulesen ist. Luzern ist mit dieser Steuerhöhe vor Zug und hat damit schweizweit die kleinsten Steuern. Der negative Steuerwettbewerb gibt es auch bei der Vermögenssteuer. Der sonst schon tiefe Steuersatz soll halbiert werden, wovon nur die Vermögenden profitieren. Für die übrige Bevölkerung hat man die Abbauprogramme, welche Reform 06 oder ähnlich heissen.

Benennen wir die Dinge beim Namen!

Das politische Sparen hat nichts mehr mit sparsam oder mit Bescheidenheit zu tun. Dieses Sparen ist ein verkapptes Sparen, das diese Bezeichnung nicht verdient. Ehrlicher wäre, die Medien berichten von Abbau, Entlassungen, von Umverteilung und vom Hätscheln der Reichen.

Power Talking oder soziale Kommunikation

Viele neue Lehrbücher behandeln das Thema Kommunikation. Einige beschreiben ziemlich gut Kommunikationsstörungen. Doch kein Buch enthielt einen Hinweis zur sozialen Kommunikation. Als Ziel und als Untersuchungsgegenstand fehlt er schlichtweg. Einzig die alte vatikanische Pastoralkonstruktio „communio et progressio" arbeitet mit dem Begriff „soziale Kommunikation". Absicht und guter Wille genügt nach ihr nicht, um eine Kommunikation positiv werten zu können, sondern ebenso wichtig sei der Geist, aus dem heraus sie geschehe. Die Kommunikation muss u. a. im Dienste der Wahrheitssuche stehen.

Bei politischen brisanten Themen im Ratssaal, am Stammtisch und in den Medien ist selten etwas von sozialer Kommunikation zu spüren. Eher herrscht das power talking vor. Zwei Beispiele illustrieren dies:

Die SVP gedenkt „alle nur erdenkliche Mittel gegen den Kulturwerkplatz einzusetzen". Müssen wir damit rechnen, weil auch illegale Mittel erdenklich sind, dass die SVP auch illegale Mittel einsetzt? Warum so aggressiv? Soll das eine Einschüchterung sein?

Kürzlich stand in der Zeitung, der Bypass (geplante neue Parallelautobahn) koste mindestens 700 Millionen mehr, nämlich mindestens 1'700 Millionen. Angesprochen auf diese gewaltigen Kosten in Sparzeiten meinte der Emmener Gemeindeamman Tony Maeder: „koste es, was es wolle". Gibt es keine Höchstgrenze oder Schmerzgrenzen mehr? Dürfen oder sollen die Kosten nicht diskutiert werden?

Die zwei Beispiele zeigen, wo massive Interessen vorhanden sind, da wird sehr wenig auf die GesprächspartnerInnen - hier die Hörer- und Leserschaft - eingegangen. Anstatt soziale Kommunikation zu praktizieren, werden Muskeln gezeigt und wird dem Gegenüber keine Chance zugestanden einen Einwand zu formulieren. In der Politik finden Verteilungskämpfe statt und es soll auch hart argumentiert werden. Bei den Beispielen werden jedoch nicht harte Argumente dargelegt, sondern Einwände abgewürgt. Einige Medienschaffende zementierten sie sogar unreflektiert in Hauptartikeln als „So-ist-es". Dennoch, so muss es doch nicht sein! Oder?

Harry Potter als Antirassist

Der sozialistische Vorwärts lehnt die Potterbücher ab, weil sie kommerzialisiert und damit kapitalistisch seien. Einige katholische Priester lehnen die Potterbücher ab, weil die Magie teuflisch und unchristlich sei. Der Inhalt der Bücher – der Kampf gegen Rassismus – wurde bislang leider kaum besprochen.

Wissen Sie, warum Harry Potter so gerne gelesen wird? Ein Kind würde die spannende Geschichte so begründen. Harry wehrt sich gegen alltägliche Ungerechtigkeiten. Da wird Hermine ausgelacht, da wird Ron schikaniert und Harry ungerecht bestraft. Diese Welt ist den Lesenden vertraut. Die Menschen in der Potterwelt sind oft überfordert, bequem, sehr menschlich oder arrangieren zur Selbstbehauptung zu einfachen Lösungen. Selbst die liebsten Freunde und der Schulleiter produzieren Fehler mit grossen Folgen. Dies wirkt trotz Zauberwelt sehr lebensnah.

Der Mitschüler, Draco Malfoy, verkörpert mit anderen das Böse. Sein Name hat den Beiklang eines Dracula-Blutsaugers. Das Böse will Reinblüter, das heisst nur Zauberkinder dürfen die Schule besuchen. Die Muggelkinder, abschätziges Wort für Menschenkinder, erfahren nur Ablehnung. Hermine leidet sehr darunter. Wie bei Hitler ist das Böse für die Reinrassigen. Harry und seine FreundInnen verschwören sich dagegen. Für sie dürfen alle, ob Reinblüter, Muggelkinder, Halbblüter oder von den Riesen abstammend die Schule besuchen und an der Schule unterrichten. Harry kämpft für die Gerechtigkeit und für die Ausgestossenen. Damit ist Harry also ein moderner, antirassistischer Kämpfer, der vielen aus dem Herzen spricht und deswegen fasziniert.

Buddhismus – attraktiver?

Buddhismus wird bei uns im Westen oft als Modereligion gefeiert. Spätestens nach dem letztjährigen Besuch des Dalai Lamas diskutierten viele die Attraktivität des Buddhismus. Der Reinkarnationsglauben (Wiedergeburtsglauben) wird dabei ohne genauere Betrachtung von den Medien als attraktiver bezeichnet. Ist dem so?

Bei genauerer Lektüre der beiden Religionen ist diese Differenz nicht so klar gegeben oder zumindest nicht unüberbrückbar. Wie das?

Der Begründer des Buddhismus ist der Prinz Gautama Siddharta. Als er seine Feuervision hatte, war seine zentrale Erkenntnis bezüglich Reinkarnation, dass die Wiedergeburt nicht zwingend ist und ins ewige Stadium der Erleuchtung übergehen kann. Der ewige Kreislauf ist nach der buddhistischen Legende nicht gegeben. In diesem Sinne verstand sich Gautama Siddharta als eigentlicher Reformer der hinduistischen religiösen Tradition.

Und das Christentum kennt nur die Einmaligkeit? So eindeutig ist dies nicht. Die frühchristliche Kirche liess die Wiedergeburt – insbesondere die Vorexistenz der Seele - gelten. Auf Drängen des Kaisers Justinian von Konstantinopel aber wurde sie auf dem „allgemeinen Konzil" im Jahre 553 verworfen mit dem Stimmverhältnis von 42 zu 38 Stimmen. Der Papst Vigilius war an der Sitzung nicht einmal anwesend und das Hauptthema war die Abwehr von gnostischen Richtungen. Mit der Angst vor der Gnosis wurde aber gleichzeitig der Wiedergeburtsglauben mit knappem Mehr zurückgedrängt.

Der Reinkarnationsglauben war und ist auch heute im Christentum recht stark vertreten. Umfragezahlen weisen für die Schweiz eine Zustimmung von mindestens 29% aus.

Beide Religionen sind sich schlussendlich bei genauer Betrachtung in dieser zentralen Frage viel näher als die offiziellen Klischees dies darstellen. Und wichtiger als dem Beharren auf dem Glauben der Einmaligkeit oder des ewigen Kreislaufes sind sowohl bei Jesus als auch bei Gautama Siddharta die gelebten Wahrheiten. So verwies Jesus den Fragenden nach dem ewigen Leben auf die Liebesgebote und die tatsächlich gelebte Praxis, indem er ihm das Gleichnis vom barmherzigen Samariter erzählte (vgl. Lk 10, 25-37).

Zwei Herren dienen

Niemand kann zwei Herren dienen. Ihr könnt nicht Gott dienen und dem Mammon. Diese Verse von Mat. 6,24 sind sehr prägnant, bekannt und stimmen doch nicht. Die Politik dient dauernd zwei Herren und dem Mammon, jedoch versuchen viele dies zu vertuschen, oder biblisch gesprochen zu übertünchen.

Der internationale und interkantonale Steuerwettbewerb ist ein Rennen um den schnöden Mammon. Ersichtlich ist dies besonders gut beim bevorzugten Behandeln von juristischen Personen. Der Kanton Luzern besteuert juristische Personen zuvorkommender als natürliche Personen. Bei den Kapitalgewinnsteuern für Holdinggesellschaften ist der Kanton sogar führend (vgl. Neue LZ vom 27.9.05). Nach der Senkung per 2005 von 0,5% um das Fünfzigfache auf 0,01% liegt Luzern national auf Platz 1. Per 2006 zog Obwalden auf den gleichen tiefen Satz nach. Die negative Steuerspirale, reiche Unternehmen bezahlen immer weniger, dreht sich munter fort und der Tanz um das goldene Kalb findet damit seine Fortsetzung.

Für wen findet diese Steuersenkungspolitik statt?

Nicht nur im Kanton Zug, sondern auch in Luzern haben sich Ölhändler niedergelassen. Der grösste Rohstoffhändler in Luzern ist die Trafigura AG und sie profitiert am meisten von der Steuerpolitik. Sie erwirtschaftete 2006 einen Umsatz von 45 Milliarden Dollar. Diese Firma war mehrmals verantwortlich für negative

Schlagzeilen. Ein amerikanisches Gericht hat den internationalen Rohstoffhändler Trafigura AG mit Hauptsitz in Luzern zu einer Strafe von rund 20 Millionen Dollar verurteilt. Die Firma gab zu, falsche Angaben über die Herkunft von Öl aus dem Irak gemacht zu haben (vgl. 26. Mai 2006, 23:05, NZZ Online).

Letzten Herbst war die Firma verantwortlich für die Katastrophe an der Elfenbeinküste. Der Firma war der Profit wichtiger als die Gesundheit der Menschen in der 3. Welt. Mit Benzin und Natronlauge vermischte Abwässer aus einem Tankschiff, das von der Trafigura gechartert worden war, wurde an rund einem Dutzend ungeschützter Müllkippen in Abidjan deponiert, wo die Ärmsten der Armen leben. In der Folge starben 10 Personen. Kliniken und Ärzte verzeichneten mehr als 37'000 Konsultationen wegen Vergiftungserscheinungen. Mehr als 100'000 BewohnerInnen wurden mit Medikamenten behandelt. Das Gift hätte zuerst als Sondermüll fachgerecht in Holland entsorgt werden sollen. Weil dies der Firma zu teuer war, verschob sie die Fracht nach Abidjan. Dass die Opferbilanz nicht höher ausfiel, ist wohl dem starken Geruch zu verdanken, der die Bevölkerung und schliesslich auch die Behörden alarmierte. Der Konzern deklarierte die Abfälle als «Abwässer». Fachleute der Vereinten Nationen ermittelten jedoch, dass der Müll auch Schwefelwasserstoffe enthielt, die in konzentrierten Dosen tödlich wirken.

Trafigura wurde 1993 von Claude Dauphin und Eric de Turckheim gegründet, welche davor bei Marc Rich arbeiteten und als Marc Richboys bezeichnet werden. Marc Rich selber wurde in seinem Land USA wegen Steuerhinterziehung und Umgehung von Embargos zu 325 Jahren Gefängnis verurteilt. Der Stadtpräsident von Luzern unterzeichnete ein Begnadigungsgesuch für Marc Rich. Dies schien Erfolg zu haben. In seiner letzten öffentlichen Handlung begnadigte Präsident Bill Clinton Marc Rich.

Da die Firma Trafigura AG ihren Hauptsitz in Luzern hat, ist sie hier steuerpflichtig. Die Stadt Luzern und die Katholische Kirchgemeinde profitieren demnach mit Steuergeldern aus den Geschäften der Trafigura. Es stellt sich nicht die Schuldfrage, jedoch müssen sich die Stadt und die Katholische Kirchgemeinde überlegen, ob sie einfach Profiteurin des brutalen kapitalistischen Wettbewerbs sind oder ob sie ihre gesellschaftliche Verantwortung wahrnehmen wollen. Es wäre angebracht, wenn ein Teil der Steuereinnahmen der Firma Trafigura an Hilfswerke überwiesen würde.

Niemand kann zwei Herren dienen. Diese alte Infragestellung ist teilweise überholt, weil einige sehr gut zwei Herren dienen können. Trafigura und ihr ergebenen PolitikerInnen dienen sogar nur einem Herrn, dem Mammon oder neuzeitlich ausgedrückt dem Steuersenkungswettbewerb und dem Kasinokapitalismus.

PS: Gemäss Artikel der Neuen LZ vom 15.2.07 hat sich die Firma Trafigura bereit erklärt 230 Millionen Franken Entschädigungen zu zahlen.

Velohelm tragen oder beten

Plakate mit religiöser Sprache und religiösem Inhalt sind zahlreich.

Ein paar Fragen und ein paar humoristische Bemerkungen zum Kampagneplakat der suva.

- Muss wer einen Velohelm trägt nicht beten?
- Muss wer betet keinen Velohelm tragen?
- Was ist mit betenden VelohelmträgerInnen?
- Wer Auto fährt oder den Bus nimmt, muss er auch einen Velohelm tragen oder beten?

- Warum muss ein Velohelm getragen oder gebetet werden? Die Strassen scheinen sehr gefährlich zu sein.
- Der Velohelm scheint selbst zu beten.
- Macht der Werber sich lustig über das Beten?
- Oder ist das Tragen eines Velohelmes schon ein religiöser Akt, so wie das Beten?
- Ich setze mich der gefährlichen Strassenwelt aus und der Velohelm steht mir wie Christophorus bei.

AutomobilistInnen haben gemäss einer Studie zu VelohelmträgerInnen 8cm weniger Abstand als zu velohelmlosen Radelnden. Bei Unfällen können diese 8cm entscheidend sein. Sollte da nicht auf den Velohelm verzichtet werden?

Ein anderes aktuelles Plakat wirbt mit einem Auto und dem folgenden Spruch: „Verbindet Himmel und Erde. Das neue BMW 3er Cabrio."

Diese Reklame operiert mit Heilsversprechungen - sie sind mit dem Himmel verbunden.

Fahren sie BMW 3er Cabrio und sie müssen weder einen Helm tragen noch beten!

Anregungen zu diesem Text verdanke ich Roman Heer, Visualizer, Luzern.

Ruth statt König David –
Solidarität statt Gewaltverherrlichung

König David gehört seit jeher zum obligatorischen Unterrichtsstoff des Religionsunterrichtes. Das grösste alttestamentliche Kapitel der Schweizer Schulbibel ist den Königen gewidmet, am ausführlichsten zum König David. Dabei ist David ein grosser Gewaltverbrecher, ersichtlich an den folgenden drei Beispielen.

- Die Geschichte von David und Goliath ist eine kriegerische Geschichte. Für jeden überheblichen Haudegen eine Ermutigung, den Kampf auf sich zu nehmen.

- David ist aber nicht nur der mutige David, sondern auch der hinterhältige David, der einen Nebenbuhler in den Krieg schickt, damit dieser umkommt. Zuvor hatte David seine Frau entführt und geschwängert, was David zu dieser rücksichtslosen Idee animierte. (Geschichte von David und Batseba)

- In einem neueren Lehrmittel – mit schönen Chagallbildern - wird die Eifersucht Sauls gegenüber David behandelt. Die Eifersucht Sauls wird kritisiert, aber Davids Gesänge der Gewalt nicht. Eifersucht mit Kriegstoten zu thematisieren, ist sehr eigenartig. „Wenn Gott es wollte, würde meine Zeit kommen, ohne Gottes Segen würde es sowieso nichts." Und David wurde König, also hat Gott scheinbar sein Werk abgesegnet. David klagt zwar zuvor, seine Heldentaten werden nicht anerkannt. „Saul hat 1000 erschlagen, aber David 10'000", lässt er das Volk jubeln.

Dieser David soll ein grosses Vorbild sein? Der deutschschweizerische katechetische Rahmenplan von 1977 lobt den kompromisslosen Entscheid Davids und sieht David als Retter und als Vorbild Christi.

David als Vorbild für Schüler und Schülerinnen ist gänzlich ungeeignet – oder was soll mit seinen Geschichten bewundert und erwirkt werden?

Im allerneusten Stoffplan für den röm.-kath. Religionsunterricht (2006) steht zum Glück als Alternative zu David die Geschichte von Ruth und Noemi. Diese Geschichte zeigt zwei solidarische Frauen, die einander begleiten und unterstützen. Die Moabiterin begleitet die alte Schwiegermutter Noemi nach Hause. Sie steht ihr auch in der Fremde bei. Die Geschichte ist geprägt mit dem Thema Beistand, Gastfreundschaft und Aufnahme. Und, haben Sie es gewusst, König David wie auch Jesus stammen von dieser fremden Frau ab?

Gotteslob – den Tod preisen oder ihn beklagen?

Kennen Sie das Gotteslob, „Wir preisen deinen Tod, wir glauben dass du lebst, ...". Diesen Liedtext, konnte ich während dem Studium nicht singen. Auch heute noch finde ich die Worte des Gotteslobes missverständlich.

Dieses Gotteslob hatten einige Pfarreien lange als fester Bestandteil im Gottesdienst eingeplant. Ich konnte dabei lange nicht mitsingen. Was hinderte mich daran? Die Bedeutung von Jesus Tod erahnte ich, die Deutung verstand ich und dennoch weigerte sich etwas in mir gegen das Mitsingen dieses Textes. Wie kann ein Tod gepriesen werden? Das preisen des Todes hatte immer den Beigeschmack der Schadenfreude. Preisen wir doch die Auferstehung, den Aufstand gegen den Tod. Dies ist eine preisbare Frohbotschaft. Der Tod, der kein natürlicher war, sondern ein Verbrechen an Jesus, ist zu beklagen. Jesus Kreuzigung ist doch ein Skandal. Die Römer haben doch unter Mithilfe des Hohen Rates und des Volkes Jesus hingerichtet. Die Kreuzigung war zu dieser Zeit in Palästina eine gängiges Marter- und Hinrichtungsinstrument. Und diese Praxis ist zu beklagen und zu beweinen.

Unsere Umgangssprache beklagt den Tod. Nur bei Schwerkranken wird der Tod auch als Erlösung interpretiert. Und Jesus war jung und lebensfroh. Wie kann seine Ermordung lobenswert sein. Sein Einsatz, sein Gottesglaube ist bewundernswert, jedoch nicht, was sie mit ihm anstellten.

Im Internet fand ich das Lied sogar animiert auf einer Homepage für einen Kindergartenworkshop. Wie lebensfrohe Kinder dieses Lied verstehen, wäre sehr interessant zu erfahren.

Unserer Glaubenssprache und unserer Sprache fehlen neue und präzisere Worte. Wäre der folgende Text nicht viel verständlicher? Er liesse sich sogar singen.

„Wir preisen deinen Mut, wir glauben dass du lebst, du Vorbild der Welt."

Denn wir preisen deinen Mut, für die frohe Botschaft einzustehen. Du warst so mutig, dass du ermordest wurdest. Darum gedenken wir deines Todes / Ermordung und glauben an ein Weiterleben deines Geistes und deiner Botschaft.

Geld regiert die Welt – auch bei den Wahlen!

Geld regiert die Welt! Diese alte Erkenntnis, welche bei den amerikanischen Präsidentschaftswahlen offensichtlich ist, trifft auch für die Schweiz zu. Die Analyse nach den Nationalratswahlen bestätigt diese These. Die finanziellen Mittel werden zwar etwas diskreter eingesetzt, jedoch beeinflussen sie das Wählerverhalten. Geld regiert die Welt, auch bei den Nationalratswahlen, sowohl schweizweit als auch lokal.

Über 50% der politischen Plakate stammten schweizweit von einer einzigen Partei, ebenso bei den Inseraten. Bezüglich der Anzahl Kandidatinnen und Kandidaten sind diese Aufwendungen in einem krassen Missverhältnis zu allen übrigen Parteien. Die Demokratie ist durch Geld stark korrumpiert, also beeinflusst und verzerrt.

Auch im Kanton Luzern fielen ein Inhaber und eine Inhaberin eines unsicheren Nationalratssitzes durch enorme Werbeausgaben auf, ebenso die zwei Neugewählten. Der lokalen Tageszeitung konnte man entnehmen, dass sowohl der umstrittene SVP-Nationalrat als auch die kürzlich nachgerückte Nationalrätin einen PR-Berater engagierten. Die gleichen Dienste erkauften sich der neue Nationalrat und die neue Nationalrätin. Die Presse berichtete von gegen 100'000.- Franken persönlichem Werbeaufwand pro Kandidaten. Dieser Aufwand für eine Person entspricht dem Finanzaufwand der Grünen für 19 Kandidierende inklusive der ganzen kantonalen Parteiwerbung.

Gestaunt habe ich weniger über die Finanzkraft von Einzelpersonen, als über eine andere Begebenheit. Sie engagierten wie angetönt einen PR-Berater, die meisten sogar den gleichen aus Meggen. Mit seiner Beratung wurden illegale Mittel eingesetzt. Der eine kupferte die Werbung eines Kaffees ab, er machte auf den gemütlichen Bürger. Dies lenkte von seinen unrühmlichen Geschäftstätigkeiten und dem damaligen Konkurs ab. Die zweite Nationalrätin benützte illegal einen Song einer berühmten Musikgruppe als Slogan und als persönlicher Song für die Homepage. Beides musste mit gerichtlichen Schritten oder mit scharfen Briefen von Anwälten gestoppt werden. Beides wurde angepasst oder sogar entfernt. Der PR-Berater war so clever, dies der unkritischen Tageszeitung unterzujubeln, welche darüber aufgekratzt berichtete. Der Kandidat und die Kandidatin wurden als zeitgemäss und mutig dargestellt im Gegensatz zu den sturen Bewahrern des geistigen Eigentums. Ein halbseitiger Bericht dazu war beste redaktionelle Gratiswerbung. Ein weiterer Kandidat steigerte sein Stimmvolumen, indem er seine harte politische Linie durch einen sozial engagierten und angesehenen Theologen aufbesserte. Er liess ein Flugblatt mit dem Foto und der Empfehlung des Theologen Sepp Riedeners drucken. Dieser staunte, weil er für dieses Flugblatt von Herrn Segmüller nie gefragt wurde. Leider unterliess der Missbrauchte den Gang an die Öffentlichkeit. Meine Erkenntnis anhand dieser Nationalratswahlen ist, Geld regiert die Welt und verleitet zudem zu korrupten Methoden.

Kulturkampf an der Uni Fribourg

Wir Befreiungstheologen der deutschsprachigen Sektion Freiburg waren die aktivste Fachschaft. Durch unseren Einsatz gestalteten wir Intensivwochen, hatten am meisten Mitsprache bei Lehrstuhlbesetzungen und wir waren im Senat vertreten.

In der Öffentlichkeit demonstrierten wir nach einem rassistischen Tötungsdelikt gegen Rassismus mit einem Menschenteppich. Oder wie das untenstehende Bild zeigt gegen Bischof Haas und für mehr Demokratie in der Kirche. Da begruben wir gerade die Demokratie in der Kirche. Das Bild wurde in der Schweizer Illustrierten doppelseitig abgedruckt. Hinten links trage ich den Sarg.

Grösste dubiose religiöse Organisation an der Universität war die „comunione e liberazione". Eugenio Corecco betreute die Tessiner Truppe. Er war zuerst Professor für Kirchenrecht in Fribourg und Anti-Befreiungstheologe. Corecco wurde 1986 Bischof von Lugano. Er verhinderte mit der französischen Sektion viele fortschrittliche Professoren. Die Arbeit der fortschrittlichen Theologen und Theologinnen ging uns damals nicht aus. Aktivitäten Zuhauf, respektive Lesestoff für ein eigenes Buch.

Ein Therapieschreilied

Geschrieben 1983

Minuspsalm

1 Er ist nicht mein sanftes Kissen, der für mich sorgt, denn mir mangelt es an Vielem.

2 Auf Samt und Spannteppichen will ich nicht gelagert sein, zu isolierten Inseln des Heils nicht geführt werden.

3 Von Geist allein leb ich nicht. Töricht muss ich sein, wenn ich mich auf Geleisen in den Himmel schieben lasse.

4 Auch wenn ich durch die dunklen Täler gehen muss, kann ich nicht einfach nur das Schöne sehen und mich daran freuen.

Dein Stab und deine rettende Stütze machen mich blind.

Ursprungstext: Psalm 23
Der HERR ist mein Hirt

1 Ein Lied Davids.

Der HERR ist mein Hirt; darum leide ich keine Not.

2 Er bringt mich auf saftige Weiden, lässt mich ruhen am frischen Wasser

3 und gibt mir neue Kraft. Auf sicheren Wegen leitet er mich, dafür bürgt er mit seinem Namen

4 Wandere ich auch im finstern Tal, fürchte ich kein Unheil, denn du bist bei mir, dein Stecken und dein Stab, sie trösten mich.

5 Du überfütterst mich an deinem Tisch, dass ich meine hungernden Freunde nicht mehr sehe. Du seifst mich ein, in einer künstlichen Gemeinschaft von Maskenfiguren.

6 Schmeichlerische Worte und verlogenes, anständiges Getue nehmen mir die Luft, mit jedem Tag mehr meines Vegetierens.

Nein, nicht diesen Gott will ich. Ich steige aus, aus diesem Luxusbunker, für immer.

5 Vor den Augen meiner Feinde deckst du mir deinen Tisch; Du salbst mein Haupt mit Öl, und füllst mir den Becher randvoll.

6 Deine Güte und Liebe umgeben mich an jedem neuen Tag; in deinem Haus darf ich nun bleiben mein Leben lang.

Hintergrund zum Therapieschreilied

Diesen Text schrieb ich 1983. Ivo Meyer, Professor für Altes Testament in Luzern, den ich wegen seiner Ehrlichkeit und seinem Humor schätzte, forderte uns zu dieser kreativen Übung auf. Sein Auftrag lautete, einen Minuspsalm zum bestehenden Psalm 23 zu schreiben. Ein Kontrastpsalm könne die Essenz des bestehenden erfahrbar machen. Nur drei Studierende lösten diese Aufgabe.

Für ein Jahr wohnte ich damals im Priesterseminar. Der Minuspsalm bezog sich darauf. Ich wohnte dort, nicht weil ich Priester werden wollte. Ich wollte und musste mich auf das Studium konzentrieren. Die Zeit im Priesterseminar war bitter. Von der ersten Woche an, die eine Intensivwoche war, wurden wir mit dem Zölibat konfrontiert. Also bevor wir studieren durften, wurden wir mit dem totalitären Anspruch genötigt. Die Maskengesichter waren real.

Regens Schmid schloss mich zwei Jahre später von der Eucharistie in Fribourg aus. Eingeladen waren alle Theologiestudierenden des Bistum Basels. Unter der Türe des Seminars wies er mich jedoch fort. Er hielt meine kritische Haltung nicht aus.

Der Prorektor war damals Hansjörg Vogel, der spätere Bischof. Dieser trat als väterlicher Bischof im wahrsten Sinne zurück.

Der Spiritual des Seminars war Fritz Schmid. 1983, als vier Theologen auf der Liste der Poch (Progressive Organisationen der Schweiz) oder auf der mit ihr liierten Bunten Liste Amt Sursee für den Grossrat kandidierten, war sein Entsetzen gross. Den Altar und die Messe benutzte er als Verunglimpfung dieser Studierenden. Einer davon war ich, der einzige Anwesende, der seine Hasstiraden anhörte.

Univerbote in Luzern

Eine Studentenzeitschrift hatte Konsequenzen. 1983 oder 1984 wurden ca. 200 Exemplare dieser Zeitschrift gedruckt. Die „liberale" theologische Fakultät verhängte nach dieser Zeitschrift mehrere Univerbote. Der Öffentlichkeit wurde nichts mitgeteilt. Die Zeitschrift war nicht anstössiger als viele Maturazeitschriften. Der Stein des Anstosses war ein Artikel „Ausserlesene Merckwürdigkeiten von alten und neuen Theologischen Marcktschreyern". Darin wird Professor Manfred Weitlauff als Mani Stillstand bezeichnet. Des Weiteren erzürnte die satirische Betrachtung zur Trinität der duck's die Professorenschaft fundamental. An dieser Zeitschrift war ich beteiligt beim Drucken und Verteilen. Mein Glück war, namentlich bin ich im schwindel nicht aufgeführt. Luzern war humorlos. So zog auch ich an eine andere Universität.

Gedankensplitter

Ich ahne etwas von dem kalten Krieg untereinander
Ich fühle aber, die Liebe, nach der sich jeder sehnt

Ich ahne vom steten Gegeneinander
Ich fühle aber den Wunsch zum Miteinander

Ich ahne etwas vom Kampf um das nackte Überleben
Ich fühle aber
Wir Menschen ahnen inzwischen, was auf dem Spiel steht

Geschrieben ca. 1985-1990

Bildhinweise und Fotoquellen

Einige Dokumente sind gescannt und einige Bilder sind Bildschirmfotos. Es handelt sich um folgende Fotos: Seite 7, 8, 12, 17, 19, 23 rechts, 32, 36, 40, 42, 43, 50, 52, 64, 77

Foto Beerdigung der Demokratie, Seite 72 stammt aus der Schweizer Illustrierten.

Alle übrigen Fotos inklusive des Arbeitsblattes von Seite 46 stammen vom Autor Philipp Federer mit Ausnahme des Fotos auf Seite 23 von Grossvater Otto Federer. Es ist im Familienbesitz.

Umschlagfoto Rückseite verdanke ich Gaby Küng

Printed by Books on Demand GmbH, Norderstedt / Germany